极简
父母法则

刘青野 编著

北方妇女儿童出版社

·长春·

U0588153

图书在版编目（CIP）数据

极简父母法则 / 刘青野编著. -- 长春 : 北方妇女

儿童出版社, 2024. 4. -- ISBN 978-7-5585-8600-2

Ⅰ. G78

中国国家版本馆CIP数据核字第2024H4M775号

极简父母法则

JIJIAN FUMU FAZE

出　版　人	师晓晖	
特约编辑	吕玉萍	
责任编辑	姜晓坤	
装帧设计	郭艳鹏	
开　　　本	710mm×1000mm　1/16	
印　　　张	13	
字　　　数	122千字	
版　　　次	2024年4月第1版	
印　　　次	2024年4月第1次印刷	
印　　　刷	三河市燕春印务有限公司	
出　　　版	北方妇女儿童出版社	
发　　　行	北方妇女儿童出版社	
地　　　址	长春市福祉大路5788号	
电　　　话	总编办：0431-81629600	

定　　　价　59.00元

在孩子成长的道路上，父母发挥着至关重要的作用。然而，随着信息爆炸成为常态和社交媒体的日益普及，父母们在养育孩子方面也往往陷入过度干预和过度保护的误区。与此同时，烦琐的家庭规则和强加的期望也常常让孩子们失去了发展自身独立性和创造力的机会。

哲人说，大道至简。极简生活法则需要我们懂得取舍。极简父母法则以简洁、有力的原则，为父母指明了一条畅通的教养道路。它鼓励父母回归到最根本的家庭教育目标：培养孩子的内在动力和自主性，让他们成为自信、负责任的个体。

极简父母法则的核心理念是关注孩子的需求，并给予他们适度的自主权。这就意味着父母要与孩子们建立坦诚而尊重的沟通，理解他们的情感和想法。同时，父母也需要让孩子们学会独立解决问题，从而培养他们的责任感和解决困难的能力。

在极简父母法则中，减少规则的数量和复杂程度也是至关重要的。父母应该避免制定过多的规则和限制，而是专注于少数几个重要的规则，以保持家庭的秩序与和谐。此外，父母还应该鼓励孩子们发展独立思考和判断力，培养他们的自我管理能力。

最重要的是，极简父母法则强调了在亲子关系中建立真正的情感连接和支持的重要性。父母应该给予孩子足够的爱、关怀和理解，并与他们建立紧密的情感纽带。这样的支持和陪伴将有助于孩子们建立健康的自尊心，培养积极的心态，勇于面对生活中的挫折和挑战。

在这个快节奏的时代和竞争激烈的社会中，极简父母法则给予了父母们一个明晰而有力的指导原则。它提醒我们，教育孩子不应该过度复杂化，而是应该回归到人性的本质，注重培养孩子的内在动力和个性发展。希望本书能够为父母们提供一些有益的启示，让孩子在成长的道路上更加自信和放松地前行。

第一章 认知篇

父母的认知水平体现在他们对孩子成长的认识、对教育的理念和方法等方面。正确的认知能够使父母更容易理解孩子的需求，更能与孩子保持顺畅的沟通，而错误的认知则可能导致教育方式的偏差。因此，提升父母的认知水平，培养其正确的家庭教育理念，对于孩子的成长和教育至关重要。

小张和小李的家庭生活随着孩子的降临发生了变化。孩子的到来让夫妻二人拥有的自由时间减少，原本的浪漫约会和沟通也变得短缺。随之而来的就是情感交流的减少和距离感的增大，这也使得夫妻之间的沟通逐渐变得困难，一些本来可以沟通的问题也因此变得复杂而棘手。

孩子抚养和家务分配也成为夫妻关系紧张的源头。小张觉得小李对孩子的抚养和家务分配并不够关心，而小李则觉得小张在这方面要求过高。这种分歧不仅加大了家庭的负担，更让小张和小李在相处中产生了隔阂。

另一个问题则是孩子教育观念的差异与矛盾。小张和小李在孩子教育问题上有着各自不同的看法，他们对孩子的成长方式、学习方式、兴趣培养等方面产生了分歧。这些分歧不仅影响了他们的相处，孩子时常也会因为他们的矛盾受到连累。

小张和小李的家庭生活关系之所以略显紧张，是因为他们相比以前多了一层身份——父母。成了孩子的父母，越来越多的问题就会"迎面扑来"。例如，谁放弃工作在家里照顾孩子，家庭开支怎样计划才会更加合理化，如何控制自己的情绪才不会让孩子的心灵受到伤害，如何正向引导孩子，长辈与自己的教育理念不符的问题，等等。

良好的沟通是家庭和谐的基础。作为父母，我们要在教育孩子的同时注意方式和方法，学会倾听孩子的想法和感受，给予他们表达的机会。同时，我们也应该正视自己在家庭中的态度。通过有效的沟通，更好地理解彼此，解决存在的问题，建立亲密的关系。

孩子是模仿的天才，他们会模仿父母的一切行为举止。因此，作为父母，我们要树立榜样，用自己的行动告诉孩子什么是善良、诚实、努力和责任。我们要注意自己的言行举止，也要在家庭中给孩子带来正面的影响。

稳定和安全的家庭环境对孩子的成长至关重要。我们要为孩子提供一个温馨、和谐的家庭，让他们感到被爱和关心。同时，我们也要注意家庭规则的制定和执行，为孩子提供必要的边界和约束，让他们明确自己的责任和义务。

错误做法：

❌ 都是因为有了你，我们的生活才会一团糟。

❌ 成绩那么差，还有心情搞特长。

❌ 不行，你穿这件衣服太糟糕，一点儿审美都没有。

❌ 看人家 XXX，哪样都比你强。

选择为人父母，我们便开启了一场"如何去爱"的旅程。在整个旅程中，我们将面临心胸与智慧的考问。

进入了做父母这个角色，我们有时会感到幸福，有时会觉得后悔，有时还会烦躁，就好似身体中有两个派别的人物，一个是正能量，另一个是负能量。

我们的生活也有了天翻地覆的变化。例如，上班时叱咤风云，下班后速变奶爸奶妈；开始充当孩子的"营养师"兼"审美师"，为孩子的衣食起居操劳；自己以前不想去做的事情，为了孩子也敢于去尝试；忙起来似乎没有假期、没有懒觉，全年无休……

在育儿过程中遇到问题我们要有足够的耐心，不要指望着简单说几次就能见效，因为这需要相互之间不断地磨合。

正确做法：

- 以友善平和的心态与孩子相处。
- 错在自己，应主动跟孩子承认错误。
- 保持冷静，倾听孩子的心声。
- 多倾听，少说教。
- 吸收教育新知，不断调整自己的教育观。
- 与孩子协商。
- 尊重孩子正常的情绪。

尊重孩子

彤彤今年 15 岁了，有了自己的社交圈。一次在钢琴比赛中彤彤获得一等奖，她非常开心，就邀请了几名平时特别要好的同学来家里玩。起初彤彤的妈妈还很热情地招待大家，但彤彤因为高兴，就与同学多玩了一会儿，妈妈担心彤彤因为玩而耽误了练习钢琴的时间，当场就表现出不悦，还指出了其他同学的不足。

彤彤见到妈妈这样对待自己的同学，非常生气，因为这让她在同学们面前丢尽了颜面。事后她和妈妈说出了自己内心的想法，妈妈竟认为自己并没有做错，母女二人为此产生了矛盾。

在上述例子中，彤彤的妈妈"当场就表现出不悦，还指出了其他同学的不足"，这样做不但伤害了彤彤的自尊心，也使她在同学面前颜面尽失。

为人父母，不要因为自己过度的"好意"而伤害了孩子。做父母的觉得一切都是为了孩子好，不想让孩子走错一步，殊不知爱孩子需要方法，"尊重"更为重要。

这件事本不是什么大事，更不必如此处理。同龄的孩子相处，他们的话题会更多，在交往中也会变得更加活泼、开朗。妈妈在和孩子的观点一致后再说出交朋友要有"限度"。如果担心过于平直的语言会伤害到孩子，可以给孩子举一些例子，如"蓬生麻中，不扶自直；白沙在涅，与之俱黑""与善人居，如入芝兰之室，久而不闻其香，即与之化矣；与不善人居，如入鲍鱼之肆，久而不闻其臭，亦与之化矣"。让孩子真正明白与什么样的人多相处，自己也会随之而改变的道理。

以平和的心态跟孩子说明道理，孩子一定会发自内心地理解家长，这样才是更为有效的方法。

错误做法：

⊗ 总是说别人家孩子的优点来反问自己家孩子。

⊗ 当着别人的面，斥责自己的孩子。

⊗ 当着别人的面，揭自己孩子的短。

⊗ 打着爱的名义包办孩子的一切。

⊗ 挖苦孩子。

⊗ 孩子犯错了，不指出问题点，而是一味地问能不能改。

⊗ 不教孩子"如何认真做"，只告诉孩子你要"认真做"。

"理解"与"尊重"是人的基本心理需求。当被他人理解和尊重时，我们的内心不但是舒适的、温暖的、安全的，也是放松的、快乐的、幸福的。所以，"理解与尊重孩子"是拉近亲子关系的重要方法。父母是孩子的第一任启蒙老师，更是孩子人生的引路人，父母的言传身教时时影响着孩子。事实上，尊重孩子才是一项非常重要的教育责任。作为父母，我们需要时刻谨记孩子虽为自己所出，但他是独立的个体，时刻需要得到父母的尊重与支持。我们应该为孩子营造一个充满爱与尊重的环境，使孩子幸福、快乐、茁壮地成长。

正确做法：

- 支持孩子的正当爱好。
- 对孩子说话保持心平气和。
- 尊重孩子合理的选择。
- 孩子自己攒下的零用钱，让孩子自己去处置。
- 允许孩子去"试错"，让孩子自己感悟问题。
- 自己做参谋，把决定权交给孩子。
- 没有经过孩子的允许，不要偷看孩子的隐私。
- 孩子犯错时对自己的行为进行狡辩，哪怕你已经识破也要进行倾听。

不可以剥夺孩子的权利

小辉一家三口最近处于极度冷战中。

小辉是学校里的优秀班干部,班级中的三好学生,他不但是老师眼中的好学生,也是父母心中的骄傲。然而,各门学科成绩都是"优"的他并不感到快乐。因为他每天都要"奔波"于爸爸妈妈为他"量身制定"的课程中。

小辉从小就有一个音乐梦,他喜欢听音乐,也喜欢唱歌。学校要组织一场活动,打算选拔班里有音乐天赋的学生进行培训。小辉知道后就报名参加了。在选拔中老师为他试过嗓音后,就欣喜地告诉他入选了,小辉高兴得手舞足蹈。放学后,他快速回到家把这件事告诉了爸爸妈妈,可是父母听到后却无情地拒绝了他。理由很简单,去参加活动就会浪费很多学习文化课的时间。小辉恳求父母,表明自己非常珍惜此次机会,并且一定不会耽误学习文化课。可是父母依旧不同意。他为此非常难过,眼泪止不住地往下流。每次当他说出自己的想法时,父母都会找出各种理由拒绝。父母也觉得非常委屈,认为他们自己这般好意,一颗心都给了孩子，他却不理解。

小辉的父母按照自己的意愿为孩子规划了前行的路，无异于将自己的思想强行加于孩子的身上，逼迫孩子不得不"服从"。殊不知因为自己过度的"为他好"而剥夺了孩子自由成长、自我探索的空间，无形之中给予孩子莫大的压力。起初孩子可能还会配合，但是随着年龄的增长，孩子的反抗心理就会越来越严重。

人从出生开始，就是独立的个体。随着成长，思想就逐渐成熟，在所遇到的事情中，想发表自己的意见、做出选择等。父母总认为孩子是自己所出，就一定要对他们负起责任，于是便打着"爱"的旗号代替孩子做出决定。殊不知他们的"怕孩子走了'弯路'"，真真切切剥夺了孩子的权利，对于孩子成长而言，"有百害而无一利"，对孩子的独立性发展也会产生极大的负面影响。

错误做法：

- 告诉孩子是为了他好，代替孩子做选择。
- 规划孩子的生活圈。
- 父母太能干，不给孩子施展的空间。
- 父母对孩子太好，剥夺孩子的幸福感。
- 凡事都替孩子先想。
- 剥夺孩子的兴趣爱好。

❌ 筛选孩子的朋友圈。

❌ 否定孩子的创作。

❌ 喜欢控制孩子。

❌ 对孩子娇生惯养。

孩子在成长的过程中，需要培养各种各样的能力，如选择能力、思考能力和解决问题能力，等等。这些能力都是为了他们将来独自面对生活时所做的准备。但是很多孩子在成长过程中并没有形成这种独立自主的能力，最主要的原因是家长的教育。

如果家长一味地去"包办""替代"，帮助孩子解决问题，在为孩子遮风挡雨的同时也遮挡了孩子自身吸收阳光雨露的滋润。长此以往，孩子就会养成遇到问题不去自己寻求解决问题的办法，而是很自然地去寻求父母出面帮助解决。长久以往，当父母不在身边时，孩子面对简单的问题都会无从下手。

正确做法：

✅ 让孩子敢于尝试。

✅ 给孩子体验的空间。

✅ 言传身教，注重引导。

✅ 让孩子自己承担后果。

✅ 给予孩子更多玩耍的时间。

- 让孩子感受劳动的快乐。

- 引导孩子自己做出正确的选择。

- 让孩子尝试挫折。

- 家长不要凡事代劳。

给孩子创造环境

　　玥玥从出生起就和爸爸家的人一同生活。因为孩子分辨力差，在她两三岁时总是把家人弄混。甚至叔叔、姑姑还总是逗她说自己才是她的爸爸、妈妈，孩子总是被弄得一头雾水。当她用呆萌的小眼神寻求答案时，大人见目的达到，便笑得合不拢嘴。

　　7岁的她，开始上小学了，可她总是迟到。老师问明原因才知道，是因为家里人多，喜欢聊天，孩子睡得太晚，早晨无法按时起床。

　　老师在检查作业时也发现了问题，孩子经常学习落项，学过的内容没有复习，更不用说预习新的内容了。老师问明原因才知道，原来妈妈每天要忙着给十几口人的大家庭准备餐食，根本没有时间管孩子。

　　玥玥也很苦恼，在家里她几乎没有自己的空间。对于自己的事情，长辈们也是"各抒己见"，她不知到底应该听谁的安排。她也不敢叫小朋友到家里玩，她怕小朋友回答不上这么多长辈的问题。

在管教孩子方面，长辈们也都是出于关爱的角度谁都想去管，却忽视了孩子自己的意愿，长此以往，会让孩子感到强烈的压迫感，丧失了对自己人生的掌控权。

上述例子中，玥玥在这样的环境下成长，心理会受到很大影响。也许会懦弱胆小，也许会狂躁不安，甚至会出现严重的心理问题。家里人多嘴杂，说话吵闹，玥玥明显出现了这个年龄不该出现的心理负担。对此，玥玥的爸爸妈妈应该引起重视，要及时调整孩子学习和生活的环境。

针对玥玥这个比较特殊的家庭，真正能解决问题的人只有玥玥的父母，他们要为孩子创设一个相对安静的生活环境，更要抽出时间与孩子沟通、陪孩子学习或玩耍，同时对于多人管教的情况也要学会说"不"。

错误做法：

⊗ 生活环境过于复杂。

⊗ 孩子父母经常吵架。

⊗ 孩子父母双方或其中一方在家庭中不受尊重。

⊗ 对于孩子要求的满足率过高。

⊗ 孩子没有话语权。

⊗ 家长包办一切。

⊗ 家庭环境脏乱。

❌ 父母脾气暴躁。

❌ 全家宠溺或全家管教。

弗洛伊德认为，童年中期（6～11岁）的经历对一个人的影响是巨大的。一些人遭受着心理疾病的困扰，有许多是受到原生家庭的影响，故而形成未解决的心理疾病。

物质生活的匮乏只会使人暂时陷入困境，但是精神世界上的缺失却足以毁掉一个人的一生。

一些家长在教育孩子时，会用比较极端的方式处理问题。例如，过分地宠溺孩子，过分严厉地管教孩子，等等，这些都会让孩子形成性格缺陷。

为孩子创造良好的环境，不要仅仅停留在"想"和"说"，而是要"行动"起来。

先从营造和睦的家庭氛围入手，让孩子充分感到被关爱和尊重。再为孩子提供良好的学习条件，如安静的学习空间、舒适的学习工具等，让孩子爱上学习，更好地去认知与探索。还要鼓励孩子多参加社交活动，掌握与人交往的能力。培养孩子的价值观和人生观，教会孩子尊重他人、诚实守信、勇于承担责任等。

正确做法：

- 父母要力求以身作则，为孩子树立榜样。
- 与孩子成为朋友，营造平等但又不失原则的和谐家庭氛围。
- 给孩子创造一个独立的且能安静学习、有文化气息的房间。
- 家庭成员有良好的素质，且日常生活有规律。
- 发生争执时，要避开孩子。
- 保证充足的休息和锻炼时间。
- 引导孩子乐观地看待事物。
- 构建温馨和睦的家庭氛围。

偶尔示弱

吴先生的儿子天天从小学习成绩一直都不错。可自从天天上了初二就一反常态，说什么都不想上学了。吴先生和妻子为此愁眉不展，问孩子也问不出原因，去学校找同学了解也是无果。这样下去别说将来考上理想的高中，估计九年义务教育都无法读完了。天天已经是大孩子了，还不能强硬地去管教。

夫妻二人想：强硬的不行，就换一下示弱的方法。于是吴先生无意拿起孩子的数学书，边翻书边感慨："这可怎么办？单位最近要考核'现场写出自己的工作规划'。我这都提笔忘字了，就连基本的写作要领、顺序等内容都不会了，初中学的知识大多都忘记了。"吴先生越说越感伤，一旁的天天妈妈还不停地安慰着。

在一旁的天天想了想说："爸爸，我试着帮您回顾一下知识点吧。"父子二人达成共识，在接下来的"教授"中，父亲和孩子聊了许多关于学习的好处，天天也真正意识到了"知识改变命运"的道理。

上述例子中天天的转变不是个例，在很多孩子的身上都发生过。随着年龄的增长，孩子的主观意识比较强，自己对事物也有不同的见解。青春期的孩子更是叛逆，容易出现厌学的情况，当父母以强硬的态度去管教，不但不会事半功倍，很有可能事倍功半。

显而易见，吴先生与妻子的做法充满了智慧。他们没有"高高在上"地向孩子下指令，让孩子一味地"顺从"，而是巧妙地通过"示弱"的方法，让孩子在学习中找到成就感，重新激发了孩子学习的兴趣。

错误做法：

- ❌ 对孩子说："你怎么什么都不行？"
- ❌ 想让孩子做家务，直接对孩子说："你去把碗洗了。"
- ❌ 带孩子过马路，直接牵起孩子的手，并告知跟紧自己。
- ❌ 和孩子出去玩，告诉孩子，"别乱跑，丢了我不找你。"
- ❌ 替孩子承担后果。
- ❌ 孩子不尊重自己，自己选择暗自伤神。
- ❌ 眼里都是孩子，放弃了自己的一切。

在一个家庭中"示弱"是信任，也是尊重，这不仅顺应孩子的成长，还符合孩子的心理特点，为孩子以后的人生道路奠定坚实的基础。

意大利著名教育家蒙台梭利说过："教育首先要引导孩子走独立的道路，这是我们教育关键性的问题。"

作为父母，不必事事要强，而是要懂得支持孩子的独立性意向，让孩子学会通过自己的能力去处理问题，这样才会获得强大的力量。而在教育孩子的过程中，"父母示弱"就成了培养孩子的"一剂良药"。

父母巧妙地"示弱"可以缩小自己与孩子的心理距离，内心中距离拉近了，和孩子沟通起来就会更加轻松。当发现孩子出现问题时，家长以"请教""帮帮我""共同探讨"等形式把孩子带入其中，孩子不仅不会觉得厌烦，反而会很乐意地接受，并且无形之中增加了孩子的自信心和责任感，以及独自想办法解决问题的能力。

作为父母，越早放手，对于孩子的成长才越有利。要找准时机，将自己"脆弱"的一面展现给孩子，激发孩子的潜能。

父母学会示弱是管教孩子的策略，也是一种智慧，懂得巧妙地向孩子示弱并非我们软弱无能，而是在培养孩子养成良好的行为习惯及优秀的品质，这些优秀的品质将会陪伴孩子的一生，让孩子在未来处事时游刃有余。

正确做法:

- 引导孩子学会自力更生。

- 不吝啬对孩子的夸赞。

- 展现胆小的一面,激发孩子的勇敢之心。

- 向孩子学习,让孩子更自信。

- 假意弱小,让孩子更独立。

- 找准时机,将自己"脆弱"的一面展现给孩子。

- 家长要及时地给予孩子鼓励。

- 给孩子照顾自己的机会。

- 尊重孩子的想法。

审视自我的不足

张女士最近被孩子闹得心烦意乱。两个孩子自律性非常差，做事没有耐心，作业一拖再拖。

平日中张女士与先生之间会因为一些小事而争吵不断，当孩子写作业需要家长辅导时，他们也是找各种借口拖延，导致孩子不爱写作业甚至开始厌烦。他们平时也不怎么关注孩子的思想情绪问题，每当哥哥和妹妹打架，张女士总是不分青红皂白地先批评儿子，觉得哥哥就应该让着妹妹，这无形中对儿子内心造成了创伤，导致儿子情绪化非常严重，脾气暴躁，总是喜欢摔东西，而女儿也变得有些娇气霸道。

张女士的情绪十分不稳定，确实是因为孩子的问题影响了心绪。但反过来思考一下，"冰冻三尺，非一日之寒"，孩子很小，他们的眼里多是"父母"，学习的也是"父母"，他们身上展现的更是父母的影子。

张女士的儿子之所以脾气暴躁，是因为他们夫妻二人总是在争吵，导致孩子"以样学样"。

事实上，张女士家中的问题是很容易解决的，前提是要懂得审视自我的不足，知道孩子出现问题的根源在于自己。有一些父母在谈及孩子缺点时，只喜欢把目光放在孩子身上，却不知道自省。孩子原本就是一张白纸，最终呈现什么颜色，就看父母如何去填色了。

首先，夫妻间要停止吵闹，给孩子一个和谐安静的家庭氛围。其次，在对待孩子方面要平等，不能秉着"大孩子就要让着小孩子"的原则去处理问题。最后，要耐心陪孩子做作业，找准时机肯定孩子的优点，给孩子疏通心理积压的情绪，好好安抚孩子。

错误做法：

❌ 很少表扬孩子。

❌ 很少与孩子沟通。

❌ 不认可孩子的独立性。

❌ 喜欢用金钱奖励好成绩。

❌ 对孩子的消费要求多，检查少。

❌ 十分纵容孩子的消费需求。

❌ 最关心孩子的学习成绩。

❌ 不反思自己，认识不到自己的错误和不足的地方。

古语有言："行有不得，反求诸己。"凡是所做的事情没有达到我们预期的效果，就应该从自身上找缘由。当我们从自身角度出发去思考问题时，就会发现新的突破口。

在管理孩子的过程中，发现了孩子身上的不足，我们不能一味地找孩子的毛病，应该从自身上找问题。孩子就像一面镜子，他的身上反射出我们的样子。不要一看到孩子身上的闪光点，就觉得这真是我教育有方，而看到孩子身上的毛病，就只是一味地批评，而不去深追其源。

为人父母的我们需要有一颗会反思的心，找到自身的问题，进行自我教育，帮助自我成长。

只有从内心深处认定孩子是一个独立的生命体，我们才能将科学的教育理念植入实际生活中，在教育孩子的过程中不断审视自我不足，扩展和提升自己，从而使自己在教育孩子的路上更加顺畅。

正确做法：

- 不要过分打骂孩子。
- 需要足够的耐心去看待孩子的错误。
- 试着了解孩子的想法。
- 把孩子当朋友。
- 用鼓励代替批评。
- 征求孩子的意见。
- 允许孩子在安全的环境中犯错。

接纳他人的建议

法则7

　　洋洋今年9岁了，她是一个很懂事的小女孩儿。一天晚上，她被爸爸训斥得流下了眼泪。问明原因才知道，原来爸爸妈妈去上班，洋洋在家里带弟弟，姐弟俩吃过饭没及时把碗筷收拾干净，弟弟调皮又把盘中的菜汁弄得到处都是。

　　有人对洋洋的爸爸说："孩子已经够懂事了，这样对待她太严格了，对孩子的成长会带来坏的影响的。"

　　洋洋的爸爸听后不以为然地说："孩子嘛，就得从小好好管，得让她怕，不然以后就得'打爹骂娘'，老祖宗不是说'棍棒底下出孝子'嘛！"众人见洋洋的爸爸根本听不进建议，都很无奈，见劝解无效便纷纷离开了。

　　在管教子女上，洋洋的爸爸选择了"最直接、最有效"的打骂式教育，殊不知自己的这种做法看似立竿见影，实则埋下了隐患。这种方法好用的原因是孩子太小，从身体、心理层面都不如自己的父母，所以只能选择顺从。而家长却为此"开心不已"，认为自己选择了一条正确的教育之路。

洋洋的爸爸应该静下心来，反思自己的行为是否过于激进。孩子是自己的，自己管教确实是必要的，可是当他的管教让众人不理解乃至愤怒时，是否是自身的问题呢？当别人给出建议时，不应该不假思索地去拒绝，而应该平心静气地去思考别人给出的建议，从而使自己成为一个合格的父亲。

错误做法：

❌ 我的孩子我最了解，不用别人指手画脚。

❌ 我做的就是对的。

❌ 别人的建议不符合我家里的实际情况。

❌ 固执己见，只认同自己的观点。

❌ 控制不了自己的情绪。

"良药苦口利于病，忠言逆耳利于行"，有的人只喜欢顺着自己想法的话语，对于他人提出的好见解"拒之千里"。殊不知"顺"与"逆"是一把双刃剑。只爱听"顺耳话"，不听"逆耳言"，势必是自己主观感知太强，只相信自己的感觉，而对他人的"逆耳言"一概掩耳不听。

学会听取他人的建议，在一定意义上也是对别人的尊重。在育儿的路上，不同家庭的确会有不同的状况，但是他人出于善意给出的建议并非坏事。作为父母可以静下来倾听他人给出的建议，细细思考这些建议对自己有何好处。

> **正确做法：**
>
> ✅ 要持有接受的心态。
>
> ✅ 放下内心的偏见。
>
> ✅ 要对接收到的信息进行筛选和判断。
>
> ✅ 明白接受他人建议不代表否定自己的想法。

与时俱进

　　悠悠是一个懂礼貌、爱学习的好孩子。她在父母的影响下，从不玩手机、刷短视频、看娱乐节目等，一有空闲时间就会拿起书本。她是老师眼中的优等生，家长眼中的乖孩子。可是她最近很烦恼，因为她发现和同学们聊不到一起。

　　同学们在下课的时候会聊到现在的当红影星、影视剧作、游戏天地、动漫人物等，看着大家有说有笑的样子，再看看自己，她觉得自己和同学如同两个世界的人。

　　悠悠之所以有这样的困扰，还得从她父母的教育说起。悠悠的父母都曾是高材生，结婚也比较晚，相较于与悠悠同龄孩子的父母要年长几岁。他们认为书本上的知识比什么都重要，手机就只应该起到通话沟通的作用，孩子长时间接触电子产品，会对孩子的身体健康造成影响。

　　读书不仅可以帮助孩子获取知识，提升认知水平，还能培养孩子的情感、品德素养和人文精神。通过读书，孩子可以了解不同文化、历史和人生哲理，从而更好地融入社会，拥有更广阔的人生视野和更灵活的思维方式。

　　传统阅读和新媒体阅读各有侧重，但二者并非对立，而是可以相辅相成。家长应当正确引导孩子有效利用网络资源，获取更新、更丰富的信息，从而更好地适应当下信息化的社会环境。此外，还需要培养孩子的网络安全意识，加强对网络风险和隐患的防范，以及正确的网络行为规范。

错误做法：

⊗ 拒绝网络，担忧它会毁掉孩子。

⊗ 居高临下，我是"父母"，是家长。

⊗ 永远把孩子放在身边。

⊗ 从不和孩子谈及生理问题。

⊗ 只说教，不换位思考。

⊗ 从不认为孩子会有心理疾病。

⊗ 只关心孩子的成绩。

　　在与父母朝夕相处的日子里，孩子会依据父母的世界观、生活态度去模仿和认知社会。如果父母思想还故步自封停留在"原始阶段"，教育方法还是刻舟求剑的"老一套"，那么孩子的身心都无法得到更好的发展。

　　在"互联网+"时代，随着数据化、信息化、数字化、智能化的新一轮科技革命的到来，信息大爆炸更加速让我们主动了解到陈旧的传统观念与新的科学方法有偏差。如果我们不选择跟上时代的脚步，而是"循规蹈矩""墨守成规"，我们就会显得格格不入。

世界在变，我们的生活也在变。万事万物都在变化且发展着，没有什么可以一成不变，无论是物质层面，还是精神层面。在对孩子的教育方面，新的理念也随着时代的发展在变化，家长们想要孩子与时代接轨，首先要学会自己与时俱进。

正确做法：

- ✅ 端正做父母的态度。
- ✅ 掌握育儿的科学方法。
- ✅ 展示父母充满智慧的做法。
- ✅ 接受新鲜事物。
- ✅ 对新兴产物存有好奇心。
- ✅ 正确引导孩子的价值观念。

不强制原则

双休日，果果的爸爸妈妈都在家里。今天妈妈做了一桌子的饭菜，荤素搭配，看起来就很好吃。吃饭的时候，果果只吃肉，爸爸把蔬菜夹到果果碗中并告诉她，吃蔬菜有营养。果果撒娇地拒绝着。

一旁的妈妈看不下去了，愤怒地大喊："必须吃，你正在长身体。不吃菜只吃肉，营养不均衡。"孩子依旧不吃，妈妈看到孩子如此不听话，就更加生气了，一激动夹起青菜强行喂孩子吃，幸亏果果爸爸及时制止，否则就酿成了严重的后果。孩子看到妈妈生气的样子感到非常害怕，哭得上气不接下气，还一直向妈妈道歉，可是妈妈还是不断地唠叨。

这场"以爱的名义"的管教着实令人汗颜，果果妈妈确实出于对孩子的爱，想让孩子的营养更加均衡，可是这样强制的行为，孩子除了恐惧还是恐惧，幼小的心灵受到了创伤。

作为家长，在教育孩子时应该做到换位思考。当自己不想去做某件事时，你希望别人用强制的方式让你"屈服"吗？"己所不欲，勿施于人。"这个道理我们是懂得的，只是有时一生气我们就把它统统地抛诸脑后。为了让孩子可以健康快乐地成长，我们应该让孩子有安全感，让他知道我们是发自内心地为他好。

坚决不能采用威胁、打骂、强制的方式来制止孩子，可以尝试以引导、激励的形式让孩子发自内心地接受。

错误做法：

❌ 强制孩子去吃孩子不喜欢的食物。

❌ 逼迫孩子去睡觉，或去卫生间。

❌ 你定下来的事情不允许孩子反驳。

❌ 逼迫孩子按照你的心意做事。

什么是不强制？一是指不用暴力手段对孩子进行打骂，使孩子顺从自己。二是指不用反反复复或逼迫式说教，不用严厉的批评，不用冷淡的态度。

孩子的成长，如同一粒种子，需要土壤、肥料、阳光、雨露，外在因素的补给很重要，但也不能忽视孩子的自身。我们给予的应该是"阳光、雨露"这类的必备养料，而非强制输入"肥料"，"肥料"一旦用错，小苗很有可能会因这外来的"物种"而受到伤害。在它不停地"排斥"下，导致"果实干瘪""颗粒无收"。

任何强制都是对孩子自我意识发展的一种压抑，都是对孩子个体精神的一种遏制，过分强制会毁掉孩子的成长和未来。受过多强制的孩子性格孤僻、缺少自信，有的还会有攻击行为。

例如，孩子不吃菜只吃肉当然不好，我们应该慢慢地纠正孩子偏食的习惯。再如，孩子拆玩具是因为好奇，作为家长，我们应该鼓励孩子而不是采用批评打骂的方式。

作为父母，应该最大限度地尊重、理解、体贴和爱护孩子，做到"不强求，不强迫"孩子去做他不愿意做的事。当然，说不强制孩子，并不是让家长无原则、无底线地应允，否则就会有"养不教，父之过"的责任。

正确做法：

- 家长要尽量与孩子同步成长，比如，"己所不欲，勿施于人。"
- 家长有与子女平等的意识与协商意识。
- 家长不能强制孩子（并非指家长没有底线，要把握好一个"度"）。
- 给孩子一个平等亲密的氛围。
- 给孩子进行选择和试错的权利。
- 不强制孩子作息，但要给孩子一个合理的作息建议。
- 不强制孩子不打游戏、不看电视，但要约定好时间与规则。

第二章

心态篇

父母的心态对孩子教育的态度、方法和效果有重要作用。积极乐观的心态能够激发孩子的积极性和创造力，而消极悲观的心态则会给孩子带来负面的影响。因此，父母应认识到自己的心态对家庭教育的重要性，努力培养积极的心态，以更好地促进孩子的成长和发展。

对孩子绽放笑容

　　小胡夫妇是一对年轻的夫妻，他们过着忙碌的生活。他们都没有稳定的收入，父母年迈身体健康状况不太好而且还没有退休金，孩子安安又在上学，需要花钱的地方越来越多，夫妇二人扛起了生活的这杆大旗。

　　当他们工作了一天拖着疲惫的身体回到家时，安安的吵闹让他们感到非常烦躁。工作的压力和家庭的责任让他们无法真正放松下来。夫妇二人对待安安的态度也开始变得冷漠。他们没有耐心去倾听孩子的需求，也没有时间陪伴他玩耍。他们总是对安安冷眼相待，这种态度让安安感到孤独和失落，孩子开始变得越来越不开心，不再喜欢围着下班的父母打转，也不再愿意与他们交流。

　　一天晚上，妈妈回到家，发现安安正坐在沙发上哭泣，孩子见到妈妈回来了，反而转身离开。屋子里的确安静了，可是这份安静却让安安妈妈心生愧疚，安安妈妈意识到他们对孩子的态度是错误的。他们决定改变自己，给予孩子更多的关爱和关注。

在生活和工作中，年轻夫妻往往承受着各种压力，他们不仅需要照顾年迈的父母和年幼的孩子，同时还需要应对家庭开支。他们拖着疲惫不堪的身躯在努力前行，心情不好、对孩子没耐性是可以理解的。但长此以往，孩子可能会在家庭的低落环境中成长，缺少笑容和正面情绪的滋养。

孩子的妈妈已经发现了问题所在，这是一个好现象。趁着现在改变我们的态度，让孩子内心的创伤快速愈合，用笑容去治愈孩子。对于孩子来说，他们并不懂得金钱、困难和艰辛，他的世界只有家人。所以，作为父母，要把"快乐"带回家，用笑容去"照亮"孩子，要把不快、哀怨抛在门外，在孩子面前保持笑容，让孩子感受到幸福。久而久之，你也会发现"笑"会治愈你内心的伤口。

错误做法：

❌ 因为压力大，回到家里总训斥孩子。

❌ 孩子努力讨好，还是拒绝与孩子玩耍。

❌ 总和孩子说自己生活有多苦。

❌ 夫妻争吵，不避讳孩子。

微笑是全世界共通的语言，是人们的面部语言，更是灵魂之吻，相信没有人会排斥它。要想培养出高情商、性格好、乐观向上的孩子，父母就要具备"微笑"这个特质。古人说，"巧笑倩兮，美目盼兮"，描绘女孩子笑起来俊俏的两靥（酒窝）美丽好看，水灵的双目黑白分明，眼波流动有神，人因笑容而分外娇美，可以见得微笑有多美。

生活不可能全是一帆风顺，无法避免磕磕绊绊。面对烦恼、不顺，消极、抱怨不但不能改善现状，反而会让在困难中的人踟蹰不前。作为家长和父母，只有抱着积极、乐观的态度，用微笑去面对生活，才会给予家庭、孩子以幸福。

对于孩子来说，父母是孩子最好的榜样。而父母所表露的笑容则是最好的"营养"，可以滋润孩子成长，教会孩子如何更好地迎接生活的挑战。如果父母本身就是一个积极乐观、笑容长挂面庞的人，那么孩子也会学习和模仿这种乐观的心态。因此，父母应该在生活中多展现自己的笑容，从而引导孩子们学会用微笑对待他人，面对问题。

当父母经常把笑容绽放给孩子时，孩子会拥有满满的安全感、幸福感，从而感到心情愉悦、放松，内心充盈，更加充满自信和力量，敢于面对生活中的各种困难和挑战，收获更多人生的乐趣和幸福。

正确做法:

- 对孩子多报以微笑。

- 教孩子用微笑面对生活。

- 帮助孩子疏导负面情绪。

- 营造良好的家庭氛围。

- 给孩子足够的安全感。

抓住机会去赞美

刘莉几乎没有夸奖过儿子，无论是儿子获取班级第一的成绩，还是上台领奖。当孩子用期待的目光看向妈妈时，刘莉还严肃地告诉孩子，这不算什么，没有什么值得骄傲的，你应该继续努力。最近，儿子的情绪特别低沉，学习、做事都不积极。刘莉不明白儿子为何与之前判若两人。儿子告诉妈妈，自己始终在努力学习、拼搏，争取超过其他的小朋友，使自己变得更优秀，这样，妈妈就可以表扬自己、肯定自己。可是无论怎么努力，结果都得不到妈妈的赞美，既然这样，那还不如什么都不做。

刘莉担心儿子因得到好成绩而骄傲，所以不对孩子进行赞美。殊不知在儿子的内心，极度渴望得到妈妈的赞美。他努力做到最好，觉得那样妈妈就会认可他、赞美他，可是妈妈一次又一次的做法让孩子感到失望，于是孩子也不想再努力了。

刘莉作为家长，不懂孩子的内心，孩子在成长的过程中想要得到被人赞美的滋味。正当的夸奖能够激励孩子成长，能够体现家长对孩子认可和肯定的重要性。当孩子取得好成绩时，作为妈妈，刘莉应该给予孩子赞许，这可以使孩子的内心得到满足，从而更有动力去做事情。

错误做法：

❌ 父母不善于表达。

❌ 父母喜欢说反话。

❌ 觉得表扬孩子，孩子就会骄傲。

❌ 对孩子的成绩视而不见。

❌ 对孩子只是笼统、敷衍地夸奖。

❌ 盲目过度的表扬。

"赞美"，是发自内心地对自身所支持的事物表示肯定的一种表达。恰如其分的赞美能使孩子更好地与朋友和同学交往，从而增进朋友和同学之间的友情和友谊。

父母在陪伴孩子成长的过程中，不要对孩子进行盲目肯定和表扬。在心理学中，恰到好处的、适合时宜的表扬能高效地帮助孩子成长，这也被称为"正强化"。

家长要学会抓住机会去表扬孩子。比如：孩子以前从没有擦过地，但是今天主动去做；某科成绩从没被老师夸奖过，今日特意告知被老师表扬；完成了之前设定的目标等。家长抓住机会去肯定和赞美，能让孩子发自内心地感知到父母对自己的认可。

正确做法:

- 夸奖要及时。

- 夸奖要真诚。

- 创造机会夸奖孩子。

- 赞美所发生的事实。

- 经常使用赞美的语言。

- 赞美次数要适中。

- 赞美要有的放矢。

发自内心的表扬

　　圆圆今年10岁了，长得壮壮的，全家人都很宠他。清晨睁开眼睛，他就会听到奶奶说："我大孙子自己醒了，真棒！"去完卫生间没有提裤子就出来，爷爷会说："我大孙子知道出来让爷爷帮着提裤子，真不错。"这类事情在他们家里每天要上演多次，圆圆也沉浸在这声声表扬中，不亦乐乎。

　　最近，圆圆总是闹脾气不想去上学，起初还能找出一些理由，如肚子疼、头疼等，可是现在就直截了当地告诉妈妈，自己不去上学了。妈妈详细问明原因才知道，圆圆在学校得不到大家的表扬，他很是苦恼：为什么在家里做什么事情甚至是不做事情都可以得到家人的表扬，在学校却得不到，当他要求小朋友表扬他的时候，小朋友竟然还笑话他。所以他拒绝上学与他们相处。

　　圆圆的家人因为爱孩子，认为孩子做什么都是好的，表扬从不离口。这让孩子误认为自己就应该不停地被表扬。当换了一个新环境，别人只是很客观地对他的做法不能给到表扬时，圆圆的内心就无法认同大家的做法，导致心理落差。

可以说，每个人都喜欢被表扬的滋味，因为这是别人对自己的认可。孩子在成长阶段更是如此，他们需要父母的肯定、鼓励与表扬。可是不分情况、不着边际的表扬是空洞的，不但不能培养、提升孩子真正的自信，反而会把孩子养得十分糟糕。

圆圆的父母及家人想要孩子更加开心、更加自信而运用表扬的方式并没有错，可是在表扬孩子时要分情况，更要抓住孩子的长处来加以肯定，这样才能将真正的自信根植于孩子的内心深处。

错误做法：

- 家长不分情况、不分事情，盲目表扬孩子。
- 认为孩子所做的事情都值得表扬。
- 把表扬当作口头语与孩子沟通。
- 溺爱，不舍得否定，一味地表扬。

发自内心的表扬，不会被人拒绝，更不会被人抱怨，因为得到表扬是人本能的需求，也是一种他人认可自己的体现。

表扬孩子，给予孩子自信是作为家长应该做的事情。不过家长必须明白，表扬应当发自内心，还要恰如其分。

非正确表扬，不仅对孩子的成长无益，还会引起相反的效果。比如：许多家长喜欢说"宝贝，你真棒！"这种表扬过于笼统、没有针对性，根本无法起到引导孩子对自己所做事情进行自我评估的作用，孩子完全不知道自己到底是哪里好。

作为家长，我们要发自内心地表扬孩子，首先要找出孩子哪些地方值得我们表扬。比如：吃饭的时候，孩子知道让长辈先动筷子自己再动；饭后能够主动和家人收拾碗筷；晨起叠被子；等等。像这类的具体事宜，家长就应该发自内心地表扬孩子。

表扬是一门艺术，充满爱和睿智的家长，一定要学会表扬孩子的方法，坚决杜绝没有价值、没有意义的空洞表扬。

那么，要如何表扬孩子，才会成为有效的激励呢？

正确做法：

☑ 要让孩子知道父母表扬他的理由。

☑ 有针对性地对孩子进行适度的表扬。

☑ 孩子做的事情结果未达到完美，家长可以就孩子所做事情的过程对孩子进行表扬。

多一点儿"赏识"，孩子更自信

考试结束了，小博迫不及待地推门而入，兴奋地说："妈妈，我的数学终于突破95分了。"小博的数学一直是弱项，这次突破了95分，别提他有多开心了。他本以为爸爸妈妈也会和自己是一样的心情。只见爸爸妈妈的脸一沉，严肃地说，这门科目的成绩是有所提升，可总体名次却下降了一名，这是怎么回事？小博还想争辩一下，可看到爸爸妈妈的样子，到了嘴边的话又咽了回去。他默默地回到卧室，躺在床上想了很多。他多么希望能够得到父母的赏识，多么希望自己的闪光点被爸爸妈妈发现。回想起这么多年来，爸爸妈妈似乎没有赏识过自己，总是在讽刺、和别的孩子进行比较中度过。

孩子期待父母对自己的认可、赞赏。小博的父母用冷漠的态度刺激着一颗幼小的心灵，无视孩子的努力。

小博希望把数学成绩有所突破这件事告诉爸爸妈妈后他们会开心，并以自己为荣。可是事与愿违，在爸爸妈妈心中，最为重要的似乎不是小博的付出，而是小博是否得到"第一"。

　　父母在教育子女时应该学会对孩子进行赏识教育，挖掘出孩子的闪光点。比如：小博的爸爸妈妈看到孩子的数学成绩突破以往，要针对这次成绩展现出对孩子的赏识，告诉孩子，在数学方面他是有天赋的，只是以前没有找对方法。不管是这次考试，还是在以后，父母都要给予小博赞美和掌声，让他充分感受到成功的喜悦，从而更加坚定信念和信心，克服困难，收获更多精彩。

错误做法：

- ❌ 孩子有了明显进步，家长还鸡蛋里挑骨头。
- ❌ 从来不夸奖孩子。
- ❌ 不认为自己的孩子优秀。
- ❌ 认为孩子现在的成绩很正常，没什么可赞赏的。
- ❌ 攀比孩子。
- ❌ 对孩子的错误选择忽视不管。

　　著名教育家、思想家陶行知先生曾经说过："教育孩子的全部秘密在于相信孩子和解放孩子。"而相信孩子、解放孩子的前提就是赏识孩子，懂得赞美。

　　"赏识"一词，指认识到别人的才能或作品等价值而给予重视或赞扬。而教育方面的赏识，特指对他人获取正确认识并对其积极向上的方面加以赞赏的行为。

与批评教育只注重孩子的弱点和短处不同，赏识教育是注重孩子的优点和长处，发现并给予鼓励表扬。父母对孩子进行赏识教育，就是指父母应该发现孩子身上的闪光点，并且对孩子的优点和长处进行肯定和赞扬。父母对孩子的赏识教育，能够化有形于无形，让孩子提升自信，更加喜爱自己的父母，同时自身也会变得更加积极、乐观、自信。

面对孩子成长中出现的问题，作为父母，可以指出孩子的优点并进行鼓励，用赏识的方法对孩子进行教育。正面引导孩子要多做"益事儿"，孩子在父母的赏识教育中获得了认可，会更积极地向正确的方向发展。

谁都渴望自己得到他人的赏识、认可、尊重……小孩子更希望自己所做的事情得到赏识。所以，作为父母，作为孩子最亲近的人，更应该懂得赏识、肯定孩子，给孩子一个快乐、自信、无忧的童年。

正确做法：

◉ 注意表扬的环境和时机。

◉ 掌握赞美和批评的艺术。

◉ 多关注孩子努力的过程，而不是只看结果。

◉ 直接告诉孩子"你真棒！"

◉ 掌握赏识教育和批评教育的平衡。

法则 14 让孩子尝尝"苦果子"

学校组织了一日游，要求孩子们自行带食物。航航妈妈一大早就起来忙乎，给孩子准备了十分丰富的餐点，因为担心天热饭菜会坏掉，还特意用真空袋装好。很快就到了吃午餐的时候，航航打开饭盒，发现饭菜都是用真空袋封好的，找了半天也没找到撕口。于是他就没吃饭，就这样饿了一天，等晚上回到家时，航航已经饿得前胸贴后背了。吃晚饭时，他一边吃一边哭，和爸爸妈妈诉说着自己的遭遇，并且越说越气愤，竟然把碗筷都摔了，还朝着妈妈大喊。

航航妈妈平日里对航航照顾有加，从不舍得让孩子吃半点儿苦。在听到儿子中午没吃饭的原因后，她感到非常自责，认为是自己不好，没有叮嘱孩子要怎样做。

很明显，航航是在妈妈的"保护"下成长起来的，因打不开密封袋就饿了一天肚子。而航航妈妈知道这件事后不但不反思，反而责备因自己的不好让孩子挨饿了。

航航妈妈的这种做法可以说是过度溺爱了。她的爱让航航失去了本该有的生活能力和求生方法。她在平日里对孩子的生活照顾得过于周密，让孩子的自身能力逐渐退化，航航对妈妈产生了依赖，缺乏独立思考和解决问题的能力。

航航妈妈错在不应该让航航生活得这般安逸，孩子不曾吃一点儿苦，没有任何自主生存的能力。当孩子在外面碰壁后，对于无法解决的困难，内心感到委屈，以为这都是妈妈的错，还生气喊叫。

航航妈妈如果真的为孩子好，就应该从现在起教会孩子如何独立，锻炼孩子必要的生存技能，让他学会自己动手做事，懂得付出才有收获。让孩子适当地吃一点儿苦，并非一件坏事。

错误做法：

✖ 包揽一切。

✖ 舍不得让孩子吃苦。

✖ 只要孩子说"不想"，就让他终止所做的事。

✖ 帮孩子安排好所有事项。

成长，从来不会一帆风顺，会有各种问题迎面而来，家长在孩子幼年时期就要教会孩子如何面对，而非所有事都由父母来解决。如果父母舍不得让孩子吃苦，只是一味地溺爱，那就等同于给孩子注入了包裹着糖衣的"毒药"，当遇到问题时孩子就会

"毒发"，一有困难就想躲避，一有事情就会内心崩塌，轻则身体疼痛、眼泪横流，重则脾气暴躁、精神崩溃。

父母应该让孩子吃一点儿学习的苦。都说"十年寒窗出状元——先苦后甜"，用知识武装自己，未来的路会充满光明。可是学习并不是一件轻松的事，有很多孩子不肯努力，父母又不想逼迫孩子，从而管着管着就松懈了，放任自流。殊不知不让孩子吃学习的苦，孩子就会吃生活的苦。学习之苦必须让孩子自己承受，家长绝对不能因为心疼孩子就妥协，或者是越俎代庖帮他各种各样的忙。

父母应该让孩子吃点儿思考的苦。虽然在思考的过程中会感觉累，可是会独立思考的孩子不会随意听从别人的摆布，不会人云亦云，他们会对事物有自己的判断。

父母应该让孩子吃一点儿受批评的苦。孩子做错事情的时候，我们不应该因为孩子的请求、撒娇就妥协，而是要及时阻止并指出不对之处。孩子成长时不曾让他受批评，长大后也会不听从领导的指令，更受不得别人的批评，最终将会失去很多。

父母应该让孩子吃一点儿劳动的苦。正所谓"劳动最光荣"，父母应当让孩子帮助自己做一些力所能及的家务活。"衣来伸手，饭来张口"只会把孩子养坏，给孩子吃苦的机会，有百利而无一害。父母在让孩子吃苦的同时，要为孩子树立正确的人生观、价值观，帮他们养成良好的习惯。

正确做法:

✅ 有意主动地设置"拦路虎"来锻炼孩子。

✅ 让孩子学会自己解决问题。

✅ 鼓励孩子多参加公益劳动。

✅ 舍得让孩子吃一些"苦果子"。

✅ 让孩子自己承担"坏行为"的后果。

多一份尊重，背后教子

　　晶晶带着儿子小石头去朋友家玩，朋友家的儿子小谷子和小石头一般大，这两个孩子经常在一起玩，这不刚见面两人就跑到屋子里去玩了。正当晶晶和朋友择菜的时候，就听到了两个孩子争吵的声音。等晶晶和朋友过去时，小石头已经被小谷子推倒在地。小石头平日里就不娇气，他自己默默爬起来，拍了拍身上，也没说什么。晶晶看到小石头这样，也没当回事。

　　正当晶晶转身去厨房时，被朋友的声音吓了一跳，朋友大声训斥孩子，让小谷子给小石头道歉。而小谷子也是有性格的，朋友有些激动，脸涨得通红。晶晶急忙上前去劝阻，可她不说还好，越说朋友越生气，好在最后小谷子道了歉。看到小谷子的样子，晶晶心里十分不是滋味，可又不知该说些什么。

　　小谷子的妈妈认为朋友带着孩子来到自己家，结果还被儿子给推倒。于是当面大声训斥自家儿子，让儿子向他人道歉。她认为当面训斥孩子的行为是正确的，要让孩子意识到自己的错误。

事实上，小谷子的妈妈这么做，实属不妥。她的目的虽然达到了，可是却不曾设身处地地站在孩子的角度思考，孩子也是要面子的，人前对他吼叫、训斥，强行让他道歉，孩子的内心会受伤。

错误做法：

❌ 当众批评孩子。

❌ 不问是非，逼迫孩子道歉。

❌ 孩子受了委屈，父母为了面子，一直跟别人说"没事"。

老话说"人前教子"，说的是父母在教育孩子时要当众对其进行训诫，这样孩子就会记住自己的错误不会再次犯罪。现如今，时代在进步，人的思想也在进步，这种思想已经不适合用在新时代了。

孩子也是有尊严的，应当保护孩子们的自尊心，当众批评、训斥孩子，孩子很有可能会出现逆反心理，抗拒父母所说的话。

既然"人前教子"切不可行，对孩子的伤害弊大于利，那么，不妨采取"背后教子"的方式。"背后教子"也不是说对孩子所犯错误视而不见，必要的教育和制止是有必要的，只是需要父母掌握好"度"。

正确做法:

- 不当着众人的面，数落自己的孩子。

- 不要随随便便自作主张，把孩子的东西送给别人。

- 不要在外人面前，以开玩笑似的口吻说孩子的糗事。

- 在人前对孩子适当地鼓励和表扬。

父母与孩子尽量做到平等

淘淘爸爸工作了一天，拖着疲倦的身体回到家，进门换了鞋，直接就靠坐在沙发上，只觉得屁股被什么东西硌到了。他拿出来一看，发现是儿子组合的玩具。淘淘瞬间就大哭起来，边哭边说："爸爸，我好不容易拼好的玩具。"淘淘爸爸不耐烦地看着儿子说："有什么好哭的？多大点儿事！你再重新组一个。"可是淘淘一直抽泣着。爸爸见孩子哭闹，很是心烦，就把那玩具零件扔到了地上。淘淘很害怕爸爸生气的样子，只好自己在一旁哭。

淘淘好不容易把玩具拼好，结果被爸爸损坏了。小孩子心里不是滋味，哭闹实属正常。然而爸爸的几句话又让淘淘很不舒服，玩具被损坏心里本来就不是滋味，再加上被呵斥，很容易产生自己不讨爸爸喜欢的想法，从而与爸爸产生矛盾。

淘淘爸爸的做法是错误的，自己疲惫不是呵斥孩子的理由。孩子可能无法体会爸爸工作的辛苦，即使去和他讲，他也未必能听懂。作为长辈，弄坏孩子的玩具就是自己错了，应该放下姿态跟孩子道歉，请求孩子的原谅。

错误做法：

✖ 从不和孩子商量事情。

✖ 冤枉了孩子，拒绝向孩子道歉。

✖ 父母做了决定，不允许孩子反驳。

✖ 只允许自己做某件事，不允许孩子去做。

✖ 从不在意孩子的想法。

古语有言"父为子纲"，说的是父亲是儿子的准则，子女必须服从父亲，其对应的行为规范就是"孝"。为人子女要尊重父辈，孝敬长辈，不能做出不合礼节的事情。这体现了传统文化中的孝道，但在现代社会中，随着价值观的不断变化，人们开始重新思考父母与子女的关系。在当今新时代，平等和尊重变得越来越重要。

作为父母，不能因为孩子年龄小不懂事就什么都不同孩子讲，甚至遇到事情，都不征求孩子的意见就替孩子做主。当孩子反抗时，父母却熟视无睹。事实上，遇到事情时，在孩子大一点儿的时候是可以和孩子商讨的，让孩子和自己共同分担压力，从而培养孩子的使命感、责任感。

父母错怪了孩子时，应当放下长辈的姿态，向孩子真诚地道歉。解开彼此的心结，孩子内心不再有隔阂，便于父母与孩子之间更有效地沟通，也能使孩子从父母这面镜子中照出"言行负责、知错能改"的好品德。

时代在进步，教育的理念和方式也在不断更新，传统老旧的教育思想已经不适应新时代中成长的孩子，家长一定要紧跟时代的步伐，努力上进、不断吸收新的教育理念，与孩子共同成长。

正确做法：

- 不当审判长式的"法官"，学做"律师"，维护孩子的权利。
- 不当"裁判"，做个"啦啦队"，和孩子一同迎接未来。
- 不当"驯兽师"，做一面"镜子"，积极沟通"反馈"孩子的状态。
- 不对孩子发泄自己的负面情绪。
- 父母避免用自己的标准去约束孩子。

认真倾听

　　某青少年服务台的电话响起。接线员刚拿起电话，就听到一个男孩哽咽的声音。能听得出来，男孩在克制自己的情绪，电台主持人调整自己的声音，安抚电话那边的男生先不要激动，平复一下心情，慢慢说。过了一会儿，男生总算平静了，说明了情况。

　　原来，这名男同学在学校遭受了同学们的语言暴力，他觉得非常委屈。回到家里想和爸爸妈妈倾诉一下，可是爸爸妈妈根本就不认真听，还责备自己，觉得就是男孩的错，不然人家怎么不说别人。男孩的话憋在心里难受，于是就拨通了电台号码。在长达一小时的通话中，电台主持人基本没说什么话。在挂播后，男孩说了一句："谢谢您，肯倾听。"

　　男孩为什么会选择拨通电台的电话呢？是希望电台帮自己解决问题吗？显然不是。如果是需要解决问题，那应该说出自己的诉求。那他的真正目的是什么呢？整通电话几乎只有他一个人在说话，是他在滔滔不绝地诉说心中的苦闷。从最后的那句"谢谢您，肯倾听"，也许就能揭晓答案：这个男孩想和父母说出心里话，可父母不给他机会，还误会他，于是男孩只好寻求其他的途径。

男孩的父母无情地拒绝了孩子的请求，还没有认识到自己的错误。细细想来，与男孩进行有效的沟通是教育他的一个十分关键的环节。男孩的家长应该静下心来与孩子沟通，让孩子说出内心深处的话语。也许孩子曾经说过谎言欺骗过你，但请相信，孩子说谎也一定是事出有因。

错误做法：

⊗ 轻视孩子的想法。

⊗ 自身的掌控欲过强。

⊗ 缺少倾听的耐心。

⊗ 永远在否定。

⊗ 家长与孩子沟通时目的性太强。

在教育孩子的过程中我们要明白，不能在孩子身上拷贝我们自己的人生观，更不能对孩子一味地进行严厉管教，而应该耐心倾听孩子的心声。他们需要的不是低质量的沉默和守护，而是高质量的倾听和陪伴。

心理学家研究发现，孩子幼年时期，尤其是 2 岁半到 6 岁期间，正是语言爆发期，他们的语言能力是很敏感的，喜欢表达，可又不具备选择能力和完整词汇。这个时候，父母如果通过认真倾听与语言沟通相结合来与孩子产生共鸣，就能让孩子在语言上懂得更多。

而在孩子长大以后，父母在教育孩子的过程中，如果肯认真倾听孩子的心声，有助于帮孩子认识到自己的价值。尤其是感受到父母和自己的关系是平等的，在没有强压严厉呵斥下，孩子会自我反思，变得更自信、更健康。

当孩子主动与家长沟通时，家长应尽量地表现出对孩子的话题感兴趣，给予孩子回应。对孩子提出的问题，家长也不要拒绝回答，或者应付回答，应该认真思考孩子提出的问题，并适当地提出问题和孩子进行互动。

倾听如同冬日里明媚的阳光。在精神层面上给予孩子慰藉，永远比给他物质要好。通过主动倾听与孩子搭建一座沟通的桥，孩子会更愿意和你一起维护它。只要愿意倾听孩子的声音，了解孩子内心的渴望，就能帮助孩子成长为自己想成为的样子。

正确做法：

- 不轻易打断孩子。
- 不随意否定孩子。
- 试着去理解孩子的想法。
- 聆听时学会使用身体语言，这就是非语言沟通。
- 父母要有主动倾听孩子说话的意识。
- 孩子说话时，家长不制止、不嘲讽、不心不在焉。

知晓边界感

　　程程长大了，目前对于他来说最大的难题就是和父母相处不和谐。并非父母苛待自己，而是父母毫无边界感。用父母的话说就是："孩子是自己的，没那么多讲究。"

　　清晨，父母叫程程起床从不敲门，直接就推门而入。有时程程会慌忙地盖上被子，他对父母说要敲门进入才是正确的，可是父母也全然不当一回事儿。但是对程程来说，自己非常不喜欢父母的这种行为，他觉得自己的空间被"粗暴"地进入。程程的衣服很多，有一些才穿了几次。父母见衣服都挂在那里，没有询问程程就把一部分衣服打包送给他表弟了。当程程问起衣服怎么不见了，父母说："你也不经常穿，就送人了，不然放置在那里多浪费。"程程非常不开心，他觉得既然衣服是自己的，父母是应该和自己商量一下的。久而久之，程程心里埋怨起父母，家里总会出现程程与父母顶嘴、闹脾气的现象。

　　诚然，程程是爸爸妈妈的孩子，他们是血缘至亲，可是父母这么无边界感，真是让程程心里郁闷。

在家庭教育中，父母扮演着很重要的角色。可是，有些父母不知晓"边界感"的重要性。不明确为人父母的责任与角色，更不明确要如何尊重孩子的成长和发展。

父母没有"边界感"，很容易不自觉地控制孩子，殊不知自己正在剥夺孩子的宝贵的自主权，从而影响了孩子做决定的能力、承担责任的认知；给孩子造成不必要的心理压力，"善意"导致了"压力""焦虑""逆反"，使孩子的心理成了亚健康。

父母与孩子之间要有"边界感"。"边界感"对于孩子的成长起到至关重要的作用，会给孩子成长带来极大的正面效应。睿智的父母在孩子遇到困难时可以给予孩子建议和帮助，而非替代孩子做决定，尽量让孩子自己做决定、懂得承担责任。培养孩子独立思考和自主决策的能力。尊重孩子的隐私和个人空间。

拥有良好的家庭氛围，孩子才能积极、阳光、开朗。

程程的妈妈最初的想法很简单，因为孩子要面子，这样把他不好好学习却偷拿手机打游戏的视频发出去会让孩子长点儿教训。然而程程觉得妈妈没经过自己同意，把这件事情"公布于众"，自己十分没面子，以后都不知道人家会怎么看待自己。

程程的妈妈的做法的确欠妥。孩子爱面子没错，孩子的要面子和他的内心想法都是非常重要的。玩手机的问题确实是孩子错了，可是解决的方法有很多，非得挑这种极端的、伤害孩子自尊心的做法就不好了。家长应该在意孩子的感受，照顾孩子的面子，和孩子之间建立"边界感"。

错误做法:

⊗ 对孩子缺乏尊重，不能与孩子进行平等的交流。

⊗ 过多介入孩子，没有给孩子足够的个人空间。

⊗ 不顾孩子的感受，按照自己的想法要求孩子做这做那。

⊗ 强制干预孩子的生活。

⊗ 偷偷窃取孩子的隐私。

边界感，是一个心理学术语，也就是自我界限或自我边界，即让你的事归你，我的事归我。用在人际关系中，"边界感"就是指清楚地知道自己和他人的责任和权力范围，既保护自己的个人空间不受侵犯，也不侵犯他人的个人空间。

在家庭教育里，父母和孩子之间一定要有"边界感"，不然孩子的生活会有窒息感。和爸爸妈妈一同生活，也许还会有其中一人来缓解气氛，而单亲家庭的家长如果不注重边界感，认为孩子就是他们的唯一，孩子就会更加感到窒息。

"能够主动退出孩子人生的父母，付出了比爱护孩子更多万倍的深情。"这是一句非常经典的话语。孩子是一个独立的个体，父母是引导者而非控制者。对孩子关爱不可过界或越界，要留有界限。

父母无边界感，对孩子"无缝"管控，只会让孩子的生活变得压抑。那么，如何才能与孩子建立良好的边界感呢?

首先，父母要学会认可孩子。有一些家长脾气急躁，可是孩子的性格却是慢吞吞的。他们不满孩子的速度，在孩子做事时"直接出手"，再就是在旁边用语言攻击，殊不知这已经在孩子内心加上了一堵墙。

其次，父母要有"自我认知"。作为父母，并不是什么决策都是正确的，他们理不清家长应该做什么，孩子应该做什么。总是一味地强调、要求孩子按照自己的意愿去做事情。父母不留余地地突破安全边界，给了孩子最深的伤害，也让孩子承受巨大的压力，难有幸福感。

"刺猬法则"不仅告诉我们挨得太紧会伤到对方，还告诉我们离得太远又会冻着。与孩子找好合适的距离，不去侵占孩子的世界，区分"你的"和"我的"，经常注意保持边界感，才能给孩子塑造一个健康的成长环境。

父母要切记，你的孩子由你所出，但不属于你，他只属于自己，他理应拥有自己的个人空间。

正确做法：

- ✅ 尊重孩子的隐私和个人物品。
- ✅ 培养孩子的同理心。
- ✅ 给孩子独立性，不包办孩子的一切。
- ✅ 适当保持距离，不过分亲昵。
- ✅ 尊重孩子的隐私，让孩子有自己的小秘密。

第三章　家庭生活篇

　　家庭生活中父母的管教是孩子成长过程中不可或缺的一环，它影响着孩子的品行、行为和社会适应能力。父母的正确引导和规范能够塑造孩子积极的人生观和行为准则，培养他们健康成熟的心态和正确的社会交往能力。因此，父母需要意识到自己的责任和影响力，为孩子的成长提供良好的家庭教育环境。

拒绝粗暴对待，打破"棍棒教育"的观念

一位单亲妈妈习惯用"武力"解决孩子的问题，经常因为一点儿小事就同孩子大动肝火，例如不起床、把东西弄脏、把碗打碎，等等。只要孩子让妈妈不满意，她就会对孩子吼骂。家人和朋友也觉得这个妈妈做得不好，跟她进行了沟通，但是这位妈妈的内心认知就是，孩子错了就应该批评。

妈妈对孩子的这种教育，让孩子的内心产生了巨大的恐惧，只要妈妈一变脸色，根本不用开口，孩子就会害怕得瑟瑟发抖。长此以往，孩子一直活在痛苦之中。在高考结束后，他选择了自杀。

在遗书中他还讲述了自己的家人对他如何严格，只要自己做得不符合大人的心意，除受皮肉之苦外，还会有语言暴力。别人回家是为了遮风挡雨，而自己回家却是担惊受怕，在家里他感受不到温暖和爱。

从案例中妈妈对孩子的管教可以看出，她对待孩子十分严格，当然也不能排除妈妈因心情不好而责骂、粗暴对待孩子。然而家人和朋友对她的提醒和劝告丝毫没有发挥作用，她所坚信的"棍棒底下出孝子"，导致了最后的悲惨结局。相信做妈妈的肯定会后悔自己没有正确地教育孩子，才导致发生了这样悲剧。

错误做法：

❌ 孩子犯错，直接选择打骂。

❌ 从不劝说，直接"武力"解决。

❌ 和孩子"横眉怒对"。

❌ 轻易对孩子的行为作出不当评判。

❌ 命令或威胁孩子。

"棍棒底下出孝子"，这是传统的育儿方式。现如今，新时代的父母对孩子的教育所运用的方式方法有了重大转变，更多地融入了尊重、理解、引导等内容，更加注重满足孩子的内心需求。但有些家长还是会把自己的坏情绪转嫁给孩子，导致对孩子的心理和情绪产生负面影响。

只要孩子犯错，就要受皮肉之苦。孩子会因为"怕"而不再去做家长认为错的事情，但绝非发自内心的"知错"。家长一味地追求"棍棒的速成法"，会导致孩子逆反心加重、包容心减弱，还有可能未来的他也会成为棍棒式教育的父母。

话说"金无足赤，人无完人"，谁也不能要求一个人没有一点儿缺点和错误。我们都不是圣人，谁都有可能会犯错，发现了孩子的错误，父母必须学会控制自己的情绪。打骂孩子从来都不是教育的唯一方式，耐住性子，了解事情的原委，尝试和孩子进行沟通，从而达到了解孩子们心理的效果。

作为新时代的父母，不要只看到孩子的缺点，不停地对孩子进行否定、打击，要学会和孩子建立良好的亲密关系，要对孩子有包容心。

正确做法：

- 必须惩罚时，那就选择罚坐，面壁思过。
- 无法控制孩子时，选择打手板，但不能太用力。
- 惩罚做游戏（非常麻烦的那种）。
- 耐心规劝。

高质量的陪伴比只给予金钱更重要

案例一：

扈女士，1980 年生人。认为孩子比工作重要。

有房贷、车贷、保险，信用卡。

她和爱人都跑业务，加班、视频会议几乎都是家常便饭。他们总是忙里偷闲挤出更多的时间陪伴孩子，孩子现在上了大学，他们觉得一切都是值得的。

案例二：

范先生，1986 年生人。作为双胞胎的父亲，他认为陪伴孩子是最幸福的事。

夫妻二人都在事业单位，月工资综合一万多元。他们会零应酬，把更多的时间放在孩子身上。目前孩子初中快毕业了。孩子们乐观、积极向上、学习成绩优秀。

范例三：

刘女士，1991 年生人。认为父母必须为孩子提供足够的支持。

孩子上小学。作为妈妈，她把所有的重心都放在工作中。孩子在经济上还比较宽裕，只是很少见到妈妈，缺少妈妈的陪伴与管教，孩子存在乱花钱、不懂礼数、性格古怪等行为。

以上三个案例中，有两位家长尽管他们的经济状况可能有限，但他们用陪伴来支持孩子的成长。三位家长的做法都是出自爱，想把更好的给孩子，只是出发点不同而已。可是我们会发现，高质量的陪伴比只给予金钱更重要。

经济条件略微好一点儿的家庭，尽量选择多陪伴孩子，有经济实力做基础，陪伴孩子的形式也会多一些。但是一味地赚钱，顾不上陪伴孩子的家长，一定要注意孩子心理的健康，既然父母的时间有限，那就尽可能地高质量陪伴。

错误做法：

❌ 只顾赚钱，对孩子几乎零陪伴。

❌ 视金钱为第一。

❌ 嫌弃孩子麻烦，不爱陪伴。

❌ 拿上班当借口，不去陪伴孩子。

❌ 打骂孩子后，用金钱作补偿。

❌ 认为孩子有钱才会幸福。

什么是高质量的陪伴？其实就是，家长每一次与孩子的相处，都要做到及时回应、积极互动。这也许对许多家长来说有一点儿难度，但是作为父母，一定最希望自己家的孩子更好，那么，高质量的陪伴就是必不可少的。

每个家庭有每个家庭的境遇，孩子的成长经历也会不同。生活，总是一半冰，一半火。工作和赚钱是每一个家庭中必不可少的事情。无论家庭条件是否优越，每一个孩子都需要父母的陪伴，尤其渴望高质量的陪伴，这一点是毋庸置疑的。

换一个角度去做，也许并没有我们想象中的那么麻烦。把陪伴想象成一场充满奇幻色彩的旅行，和孩子一同去探索，充分尊重孩子的喜好与兴趣，和孩子一同迎接新的一站。

正确做法：

- ✅ 陪孩子做游戏、聊天。
- ✅ 从孩子的角度思考问题。
- ✅ 主动了解孩子的人设。
- ✅ 挤出时间陪伴孩子。
- ✅ 不用金钱诱惑孩子，让孩子不吵不闹。

勤俭节约，并不丢人

晨晨的小姑一家从外地回来，给晨晨带了许多的礼物。由于时间问题，在家做饭时间可能来不及，晨晨的爸爸妈妈商量后，决定到外边宴请小姑一家。到了饭店，点了一些小姑一家爱吃的饭菜，店家还送了当季小零食——炸蚕豆。

在大人聊天的时候，晨晨把放置蚕豆的盘子挪到了自己的位置上，又拿起桌子上的调料盒，没一会儿酱油、醋、辣椒油等一些调料都与蚕豆混在一起。晨晨拿着自己的"杰作"向大家炫耀，还面露喜色地说："看我厉不厉害？我可是五星级大厨呢！"

看到这一场景，大家先是一愣，晨晨爸爸马上制止了晨晨的行为。在上餐时，服务员见状说："需要再为你们换一碟新的蚕豆吗？"被晨晨爸爸妈妈拒绝了。吃饭的时候，晨晨爸爸首先夹了蚕豆放在口中，随后又故意喂给晨晨，晨晨吐了出来。大家也劝说晨晨爸爸，晨晨爸爸正色道："今天的事儿孩子做得不对，浪费了食物。"

临走的时候，晨晨爸爸将桌子上未吃完的饭菜打包，并且请求服务员把蚕豆也一并打包。

晨晨由于年龄还小，并不懂得什么叫浪费，只是觉得好玩。正确与错误往往只在一念之间，有的人觉得无所谓，只是一点儿东西而已，何必小题大做呢！殊不知他们自己觉得无所谓的事情，会错误地引导孩子的人生观。

晨晨爸爸见到孩子的做法，没有放任孩子继续下去，及时有效地进行了制止。晨晨的爸爸妈妈以拒绝换一份新的蚕豆的形式，让孩子知道浪费是错误的。晨晨爸爸选择和孩子一同吃被他"加工"过的食物，让他自己体味这种糟蹋和浪费食物的后果。晨晨父母这种勤俭节约的行为并不丢人，反而值得大家学习。

错误做法：

❌ 购买东西时不经思索，买回来觉得没有用途便丢掉。

❌ 在孩子面前随意扔掉东西。

❌ 出去吃饭，不打包。

❌ 购买过多的食物，最终过期变质而被扔掉。

❌ 孩子浪费，父母不制止。

"一粥一饭，当思来之不易；半丝半缕，恒念物力维艰。"这是清代朱柏庐《治家格言》的一句名言。勤俭节约是中华民族延续了几千年的传统美德，是我们每一位公民应该遵守的行为。

家长若是铺张浪费，孩子自然挥金如土。以身示范、言传身教、耳濡目染远比说教要好。想要孩子勤俭，前提是家长要树立榜样，使孩子在父母身上看到这道光。在孩子懂得勤俭节约是好习惯这个道理以后，就要引导、鼓励孩子进行实践。

著名的史学家、政治家、文学家司马光的一生都秉承着勤俭节约的精神，后来官至宰相，仍然很节俭，吃饭不敢经常吃肉，穿衣服不敢经常穿丝绸。

司马光在教育子女时也把节俭作为重要的一项，他在为其子司马康写的文章《训俭示康》中，教导儿子应该崇尚节俭。其中几句家训，至今还有教育意义，如"众人皆以奢靡为荣，吾心独以俭素为美""由俭入奢易，由奢入俭难""君子寡欲，则不役于物，可以直道而行"。在其父的正确教导之下，司马康成为一个为官廉洁、生活俭朴的人。

正确做法：

- ⊘ 购物时让孩子自己去收银台结算。
- ⊘ 趁着假期带孩子去观摩，得知衣食住行来之不易。
- ⊘ 亲身体验耕作。
- ⊘ 在经济条件允许的情况下，让孩子拥有小金库，并且由他自己支配。

划分责任范畴，自己的事自己做

墨墨是一个很直率的小男孩，他的父母性格也很开朗随和。在很小的时候，墨墨就可以自己起床、穿衣、吃饭，整理自己的物品。别人都问墨墨的家长是如何把孩子教育得这般懂事的。墨墨的爸爸回应说："我们不宠溺孩子，和孩子以平等的地位相处，并划分各自的责任范畴。"

在孩子略微大一点儿时，他们亲子之间沟通就比较顺畅，好似挚友一般。当爸爸妈妈帮助墨墨时，墨墨会主动和他们说"谢谢"，他的爸爸妈妈也会很自然地说"不客气"。

在这个家庭中，类似这样的事情太多了。爸爸妈妈在和墨墨相处的日子中，他们分工明确，家庭气氛良好，快乐的一家从不缺少温馨，到处充满温暖。

墨墨的家庭生活很幸福，他并不觉得自己独立做事情很累，因为在很小的时候他就明白自己的事情自己做。在父母的培养下，他养成了自立自理的好习惯，不会一遇到问题就哭鼻子或者寻求家长的帮助，而是懂得冷静地思考。

墨墨的家长是如何分清利弊，让孩子养成自立的好习惯的呢？这归功于他们在孩子幼年时期的教育中成功引导了孩子，让孩子懂得如何依据规则和期望来衡量自己的行为是否符合要求，并成为一个有目标、有追求、有责任感、会独立思考的孩子。

错误做法：

❌ 没有和孩子说明责任范畴划分的意义。

❌ 孩子做了"自己范畴之内的事情"，可是家长没有给予及时的肯定。

❌ 家长"威胁"孩子必须去完成孩子自己的事情。

❌ 家长急于求成。

❌ 没有教会孩子什么是"责任感"，什么是"使命感"。

❌ 分工不明确。

我们都知道，每个人的成长都会经历许多的阶梯，如走路、读书、考学、工作、婚姻、生子，等等。每攀登一个阶梯都需要努力，在小时候还可以有父母的帮助，可是能不能次次都倚仗父母呢？是不是凡事都可以靠父母来代劳呢？答案一定是否定的。这就需要从小养成独立、勇敢、自强的精神。家长一定要在孩子小时候就引导、教育孩子要有独立性，能独立地去完成年龄范畴内的事情。久而久之，你会看到独立性强的孩子，不喜依赖大人，能做好自己的事情、能够控制自己的行为与欲望、能更好地对时间进行管理；能够独立思考，遇事有自己的主见。

当然，我们一定不要"拔苗助长"，期望在朝夕间发生变化，需要慢慢培养。教会孩子什么事情是可以做且必须做的，同时也要告知孩子什么是不能做的。在孩子做得好的时候要给予鼓励、认可，增强孩子的自信心。在孩子做错时要告诉孩子，为什么不可以去做，做了的后果是什么。

正确做法：

- 肯定孩子的努力拼搏。
- 观察孩子遇到的问题，帮助他们确定问题。
- 询问孩子，他准备怎么解决正在遇到的问题。
- 循序渐进，让孩子试着对自己负责。
- 为孩子提供机会做力所能及的事情。

法则 23　拒绝电子产品成为孩子的临时陪伴

现在是网络时代，我们的生活几乎被电子产品"包围"，使我们依赖它、喜欢它。喜爱它的不仅是成人，孩子也是如此。小军3岁的时候，玩手机比爷爷奶奶都厉害，经常吵着要大人把手机给自己，刷抖音、玩游戏、看动画片、发视频，无一不会。只要他吵闹的时候，给他手机或者平板电脑，他就能立刻停止哭泣。家里人发现这是一个好办法，不用再担心孩子吵闹或者缠着自己了。几年时间很快过去了，小军戴上了厚厚的眼镜，不爱运动、不爱与家人交流、脾气暴躁。家人发现了这些问题，便带他去就医，最后得出了结论——手机依赖症。医生给出的建议是，让孩子远离电子产品，多与家人互动，亲近大自然。

小军因为经常玩电子产品而导致眼睛近视、易躁易怒、不爱与人交流。家人只是为了能轻松点儿照顾孩子，不让孩子的吵闹影响到自己，便放任孩子玩手机。可是这种做法却害了孩子，还好家长发现得及时，不然后果不堪设想。

那么，导致小军出现问题的罪魁祸首是手机吗？不是的。是错把手机当成了临时陪伴者。这个临时陪伴者虽然可以带给孩子快乐，但是如果把握不好"度"，就会害了孩子。

小军的家人要及时止损，引导孩子正确使用电子产品。要明白幼年时期的孩子需要家人的呵护与陪伴，别觉得孩子小，什么都不懂，等孩子大一点儿再去陪伴，他才会记得。父母的陪伴才是对孩子真正的爱。这份爱可以从沟通、陪伴、亲子阅读、讲睡前故事、室外活动做起。

错误做法：

❌ 让手机代替自己陪伴孩子。

❌ 依赖电子产品为孩子解题。

❌ 父母用手机代替自己为孩子讲睡前故事。

❌ 嫌弃孩子吵闹，把手机丢给孩子。

在这个快节奏的时代，人们的生活根本无法离开电子设备，尤其是随着智能产品的普及。小到孩子，大到老人，大人与孩子沉迷于网络已是屡见不鲜。对于一个正在成长的孩子来说，他并不知道沉迷网络的后果有多严重。

孩子沉溺于电子产品无疑是一件坏事，孩子无论从心理还是生理的角度，都处在成长期，孩子并不懂得什么是节制，什么是上瘾。

让电子产品成为孩子的临时陪伴，当大人把手机交给孩子，的确可以换来大人片刻的安宁，但这种方式可行吗？这样做真的对吗？对孩子的成长和身心发展有益吗？恐怕答案都是否定的。

可是要如何正确使用电子产品，才能不让电子产品成为孩子的临时陪伴？作为家长，我们应该引导孩子正确使用电子产品。

首先，作为家长，要以身作则。要学会放下手机，不要自己手里还拿着手机，却对孩子说不要玩手机。更不要前边刚告诉完孩子，转身自己就去玩，要让孩子生活在"无机"或"隐机"的生活中。

当然，我们的确会有许多的事情要处理。当我们无法抽身的时候，我们可以尝试引导孩子去做有意义的事情，如让孩子画画、阅读、做手工，在工作结束后，我们要抽出时间陪伴孩子。

必要时，我们可以引导孩子正确使用手机。手机的功能有很多，如课程中的一部分难题，课下时没有老师的讲解，家长又有心无力，这时家长就可以让孩子查阅，看讲解从而解决难题。此外，也可以用手机浏览最新新闻、国家大事等。

正确做法：

- 家长以身作则。
- 不把手机当作"保姆"去照顾孩子。
- 不因自己的事情繁多，而把手机抛给孩子。
- 引导孩子正确使用手机。

内心强大最重要

　　烨烨的家庭条件非常好，父母都是知识分子。作为独子的他也是备受宠爱。烨烨非常争气，总是能保持在班级前三名，为此家里人更是对他赞赏有加。只是有一点，烨烨受不了自己学不会知识，如果某道题没听懂或者做不出来，他就会非常烦躁。

　　今年，烨烨的状态明显不好，经常在心情不好的时候抓自己的头发，做不出习题就和自己较劲。老师一旦提问到他不擅长的习题时，他就会一直反复发牢骚说："为什么就偏偏提问自己这道题，太可气了。"家里人发觉烨烨的情况后，就去医院就医，得出烨烨患上了中度抑郁症。

　　烨烨的妈妈哭诉着说，自己以前觉得，给孩子足够的经济条件，让他衣食无忧，孩子就会幸福的。可是他竟然得了这样的病。

　　烨烨的家庭条件优越，父母有文化，对孩子的生活照顾得很好，对他的学习也有着较高的期许。烨烨自身也是很要强的孩子，不允许自己不优秀。在他的生活中除了"富足"就是"优异"，这使他内心有了满足感，但是这样的环境下也养出了他的"脆弱"。

烨烨的妈妈虽说没有直接以语言形式告诉孩子，他必须做到多么优秀，但是她的焦虑，无疑在助推着孩子强制自己不容许自己有学不懂的知识。这在无形中给了孩子压力。因此，父母不应该过于关注、过于在意孩子的成绩，这样可以减少对孩子的精神内耗，也会让孩子减少焦虑。

错误做法：

❌ 家长过于焦虑。

❌ 多次告知孩子怎样做才会符合自己的内心。

❌ 金钱观太重。

❌ 总是否定孩子，伤害孩子的自尊心。

给孩子万贯家财，不如给孩子强大的内心。孩子不会一直生活在父母的羽翼之下，给孩子富足的生活，可以使孩子少吃苦，这是每一个父母的心愿。他们给予孩子生命，把孩子带来人世，一定会尽自己所能地去爱自己的孩子。"爱"是没有问题的，可是有没有在爱的基础上真正"保护"孩子，让孩子去经历一些事情，如体验生活、独自与人沟通、挑战困难、迎接失败等，去真真正正培养出内心强大的孩子。

要知道一个孩子内心强大了，就不会惧怕生活中的风风雨雨和人生中的坎坷路途，知道如何规划自己的人生，走属于自己的道路。

父母要懂得放下期许，让孩子有足够的安全感。这样孩子在成长中不会因为自己做得不好会伤害到父母而难过。当孩子找到自己喜欢且热爱的事情，在努力的过程中找到喜悦感，拥有属于自己的快乐。这样，乐观积极上进的他就不会惧怕挫折，哪怕遇到风雨，他会懂得如何用强大的内心去应对问题，能在挫折中站起来，且越挫越勇。

父母要给孩子足够的尊重，让孩子拥有安全感和责任心。孩子可以更自由地拥有自主权和选择权，去探寻社会、人际关系等。当孩子有了"阅历"，他的内心是丰盈的，视野是更开拓的，他会知道自己到底要的是什么。

孩子的内心强大了，有谁能伤害得了他呢?

正确做法:

◉ 家长静下来倾听孩子的心声。

◉ 做一个内心强大的家长，起榜样作用。

◉ 鼓励孩子去迎接困难。

◉ 引导孩子正确面对情绪。

好的家风决定孩子的教养

　　果果今年9岁了，是一个可爱漂亮的小女孩儿。新学期开始了，妈妈和她约定每天独立完成一篇阅读，每周六检查，如果完成有奖励。果果想反正有一周时间，后补也来得及，就欣然同意了。

　　时间过得很快，周六到来了，早上起来，妈妈问果果："宝贝，晚上我要检查你的阅读，你准备好了吗？"果果愣了一下，面不改色地说："妈妈，我每天都在写！"妈妈笑了。

　　吃完晚饭，妈妈要检查她的阅读，果果却推三阻四，迟迟不肯拿出来。妈妈有些不耐烦了，严肃地命令她拿过来，果果忐忑不安，慢吞吞地拿着书走向了妈妈。妈妈打开书，看见书上很干净，竟然一篇都没有写，妈妈的表情由微笑变成了眉头紧皱，看了果果一眼，大发雷霆！严肃地问："为什么要说谎？你没写可以告诉我原因，但不能说谎话骗人，今天早上我还问过你写没写，对吗？你怎么回答的？我批评你不是因为你没完成，而是你不诚实、不守信，知道吗？"

果果听了妈妈的话，羞愧地低下了头，小声地说："妈妈，我错了。"妈妈抚摸着孩子的头，安慰孩子说："孩子，诚实守信是我们老祖宗留下的传统，做人要言行一致，遵守诺言。妈妈希望你做一个诚实、有魅力、真诚、善良的孩子！你能做到吗？"孩子抬头看了看妈妈，感受到妈妈的良苦用心，用力地点点头。妈妈笑了……

果果犯了错误，妈妈对她进行了严厉的批评，并不仅仅是因为她没有完成阅读，而是孩子撒谎、不兑现承诺。不诚实的毛病虽然暴露在孩子身上，但其根源却是家风家教出了问题。因此，她告诉女儿做人要一诺千金，要言行合一，这样适时教育，无疑会形成良好的家风。

面对孩子没有兑现自己的承诺，果果的妈妈以非常严肃的态度去教育孩子。她将承诺和诚信联系在一起，教会孩子，承诺了的别人的事情就一定要去兑现，这才是讲诚信的表现。更教会她，做人要"言必信，行必果"，成为一个一诺千金的人。

错误做法：

❌ 父母带头不尊重长辈。

❌ 家长对孩子的错误行为不加管教。

❌ 家庭成员之间过分攀比，物质欲望凌驾于感情之上。

> ✖ 父母对孩子过分严厉，却以此为荣。
>
> ✖ 过分追求权力、名义。

　　什么是"家风"？它指的是家庭或家族世代相传的风尚、生活作风，即一个家庭当中的风气。家风是给世代家族成员树立的价值观准则。一个家有没有好的风气，会直接影响社会风气。

　　中国人历来重视家风，南宋著名词人辛弃疾的《水调歌头·题永丰杨少游提点一枝堂》中说："一葛一裘经岁，一钵一瓶终日，老子旧家风。"辛弃疾祖上是官宦人家，却不求奢靡，以"一葛一裘经岁，一钵一瓶终日"作为他的"家风"，作为他一生的生活和追求。这里的"老子"指的是他的祖父辈。

　　中华民族有着悠久的历史文化，仁义礼智信更是传承了一代又一代，影响着一个个家庭。正如那句"家是缩小的国，国是放大的家"。家风纯才能民风正，国家才能有良好的社会风气。生活在一个家风良好的环境中是孩子的幸福。每个家庭有自己的家风，有的重视教育，注重人才培养，有的重视孝道，注重道德培养，还有的重视勤劳等。但是一定要记住：传承好家风，必须做到诚实守信。

　　诚信即诚实守信，是从古至今千百年来传承下来的优良道德传统，在中国文化中，诚信历来占据着非常重要的地位，它不仅是衡量一个人品行优劣的道德标尺，也是民族精神的重要内核。

诚信，是社会主义核心价值观的重要内容之一。一个人只有忠诚老实、诚信做人，才能够取得别人对你的信任；只有讲信用、守信义，才会建立自己的信誉。

作为父母，在好的家风建设中，应该加强培养孩子的诚信品质，使它成为孩子内心的自觉行动。家，是孩子的第一所学校、第一任老师、第一个榜样。那么，拥有良好的家风，会影响一个家族一代又一代人。一个家庭中，拥有良好的家风大多会形成良好的教养，这良好的家风是每位父母送给孩子的无价之宝，更是为孩子点亮了一盏心灯。

正确做法：

- 鼓励孩子坚持，感受成功的乐趣。
- 明白做人要一诺千金的道理。
- 让孩子懂得诚信的重要性。
- 好的家风，必然是诚实守信的。
- 家长言传身教，互相尊重。
- 用足够的耐心去对待孩子的错误。

不贪小便宜，养出大气的孩子

　　早上，妈妈因为单位有事，把明明送到学校，自己就去单位了，走时匆匆忙忙给了他五元钱，让他中午在楼下吃饭。

　　明明走在放学的路上，被眼前的棒棒糖吸引了，他把钱给了售货员，然后拿了一个棒棒糖。在售货员找他钱的时候，他发现多找了五角，便急忙把剩下的钱揣进了兜里。糖真甜啊！明明满意地笑了。

　　售货员居然多找了五角钱，明明太高兴了，妈妈回来后，他把这件事告诉了妈妈。妈妈笑得合不拢嘴，似乎比孩子还高兴，边笑边夸孩子。

　　明明是个小孩子，他对于多出的五角钱格外地兴奋。在孩子的世界观里，并不懂得这是"贪小便宜"，更不懂得什么叫作"以小引大"。在妈妈的表扬下，他觉得自己太幸运了。妈妈也许是逗孩子开心，也许是真觉得这是一件幸运的事儿。殊不知这会给孩子的成长埋下隐患。

这也许不是一件大事，可是"小事看人品，大事看人格，生活看细节"。明明的妈妈要是想让孩子更好地成长，成为一个大气十足的孩子，就应该告诉孩子，不要贪图小利，要坦坦荡荡，这样才会快乐成长，做对社会有意义的人。

错误做法：

❌ 纵容孩子贪图小利。

❌ 鼓励孩子占小便宜。

❌ 赞美孩子错误的做法。

俗话说："贪小便宜吃大亏。"孩子在小的时候，并不懂得什么是对，什么是错，当他看见自己喜欢的东西时，总想着"我想要！是我的！"作为父母，我们要正确教育，不要一味地满足孩子，要让他们了解什么是正确的得失观。

作为父母，我们也要以身作则，时刻注意自己的言谈举止，做好孩子的表率。如果家长喜欢顺手牵羊，或喜欢贪图小利，久而久之，孩子自然也会效仿。要通过生活或书本中的故事，教育孩子懂得"贪使人堕落，廉使人奋进"的道理。

生活有时候也许会很艰难，面临的压力也会很大，需要精打细算地迎接明天，纵然如此，也不能养成贪图小便宜的习惯。因为这不仅会给别人留下坏印象，也会使自己的格局变小，成为父母后更是会以错误的示范传给孩子。有时候贪小便宜看似享受了一时的优惠，但是也常常容易上当受骗，非常值得人深思。

正确做法：

- 教育孩子不是自己的东西不能要。

- 严厉惩罚偷盗行为。

- 不能自私自利，爱占便宜。

- 观察孩子心理，教育孩子从小洁身自好。

- 让孩子学会付出。

- 给予孩子充足的物质支持。

不要"圈养"孩子

东东的父母每天的工作都很忙，没有时间陪孩子玩，尤其是在孩子寒暑假的时候，孩子只能独自在家。

因为东东的父母自始至终都以"安全"为名义，严格限制着他的行动。他们认为，只有在家里才能保证他的安全，外面的世界充满了危险和未知。因此，东东几乎没有机会外出，除了上学之外，他的生活被圈在了一个受控的空间里。父母用各种借口禁止他外出活动，不管是天气原因，还是担心他受伤，都成为他行动的障碍。父母为了弥补孩子，会在家里给孩子准备很多零食、水果等。

虽然安全是他们挂在嘴边的理由，但东东却感到了一种莫名的压抑。"圈养"的生活环境使得东东的生活变得极为单调乏味，即使看着餐桌上的美食也不想品尝，零食更是早已吃腻了。

他的日常没有广阔的天地，心灵也逐渐受到了束缚。在这个封闭的环境里，他缺少了与外界沟通的机会，也没有机会接触各种不同的事物和人际关系。

让孩子独自在家，是许多家长不愿意做的，可从安全的角度考虑似乎还是有道理的。孩子在家里，至少不会出现丢失、打架、溺水、遇到不良人等问题，家长考虑得也是很周到的，没有让孩子在家里渴到、饿到。

孩子的天性是玩，他们渴望快乐，大多数的孩子喜欢"三五成群"地欢闹，而不是一个人的独处，与同龄人在一起他们能找到共同话题，谈天说地，释放天性。

孩子被"圈养"在家，无形之中已经剥夺了他们的快乐，纵使美食、喜欢的动画片也会被他们厌弃。

错误做法：

- ❌ 怕孩子受到外界伤害，强制孩子待在家中。
- ❌ 认为孩子还小，出去了无法辨别情况。
- ❌ 不给孩子创造独自锻炼的机会。
- ❌ 以爱之名，让孩子在家里等待。
- ❌ 不肯放手，过度保护。

孩子被留守在家中，家就如同鸟儿的笼子，束缚了孩子的天性，制约了孩子的思维发展空间，孩子是听话了，人身安全也多了一层保护，可是孩子的内心会由起初的挣扎到煎熬，再由煎熬到反抗，甚至不再挣扎，毫无主见。也许当我们觉得孩子已经大了，可以独自一个人去外边玩耍时，孩子已经胆怯于这种活动，只想把自己关起来。

比尔·盖茨的父亲曾说过一段话："一定程度上说，是他（比尔·盖茨）自己培养了自己。"他更多地强调了孩子的独立性。可是被家长刻意"圈养"的孩子依赖性会更强，自主能力就更差。

为人父母，应该对这一问题引起高度重视。可以尝试在周密的安全计划中让孩子走出去，到户外呼吸新鲜美好的空气，或者是为孩子报"独立营""研学营""社区活动""游泳、绘画特长班"等，让专业的教师团队带孩子去体验他所未知的领域。

正确做法：

- 给孩子创造接触大自然的机会。
- 站在孩子的角度思考问题。
- 了解孩子的兴趣爱好，有计划地让孩子外出学习。
- 为孩子提供更多的同伴互动机会。
- 塑造孩子的健身运动兴趣爱好，鼓励孩子到安全的地方锻炼。

第四章　成长激励篇

　　父母的激励对孩子的影响是深远的。正面的家庭激励能够增强孩子的自信心，培养孩子的积极性和创造力，激励他们追求目标并坚持不懈地努力。反之，消极的家庭激励可能会导致孩子对学习和生活失去兴趣，甚至形成消极的心态和行为习惯。因此，父母的言传身教和激励方式对孩子的发展起着关键作用。

了解孩子的感受，有效激励

　　老师今天留了作业——自己回家收拾房间。收拾了一会儿，笑笑觉得太累了，他生气地把玩具都扔到了地上，自言自语："这么累，我才不要收拾。"妈妈听见了玩具摔在地上的声音，赶忙过去，看见满地的玩具，就知道发生了什么，妈妈生气地说："笑笑，你为什么要把这些玩具扔到地上？"笑笑告诉妈妈，收拾房间这么累，为什么老师要让我们收拾？我们还这么小，为什么为难我们？

　　听了笑笑的话，正在气头的妈妈控制好自己的情绪，说："孩子，如果觉得累就休息一下吧，晚饭后再收拾也可以。你都8岁了，可以自己收拾房间了，老师并不是为难你，而是在锻炼你。有这么好的老师，我们应该感恩。"接着妈妈又说："宝贝，你看书本被你收拾得多整齐啊！如果晚饭前你能把自己的房间收拾好，我们就可以早点儿下楼玩了。妈妈去做饭，我们来一场比赛，怎么样？"笑笑说："好啊，我们来比赛，输的人在楼下跑一圈，怎么样？哈哈！"两人达成约定，便纷纷开始行动起来……

　　笑笑因为老师所留的作业不好完成而心生怨气，觉得是老师为难自己。他还认为自己还小，不应该去做这些事情，于是自顾自地发起了脾气。

　　当妈妈问明原因，得知孩子内心的真实想法，并没有讨好地赞同孩子的错误观点，也没有让孩子停止手上的事情。而是鼓励孩子的部分劳动成果，并且以互相比赛的方式，继续鼓励孩子完成自己剩下的作业。

　　笑笑的妈妈做得很好，她先是给孩子讲明老师的良苦用心，接着以有效的激励陪同孩子完成了作业。

> **错误做法：**
>
> ✖ 不听孩子解释，打骂孩子。
>
> ✖ 强迫孩子必须完成。
>
> ✖ 放纵孩子不劳动，由家长自己代劳。
>
> ✖ 和孩子一起斥责他人。

　　激励是指激发人的行为的心理过程。在企业管理中，"有效激励"是指某一组织实施的能够达到预期效果，有效提升员工队伍凝聚力、向心力和整体战斗力的激励行为。在家庭教育中，父母对孩子进行"有效激励"尤为重要。正确的激励方式可以为孩子塑造出积极乐观向上的人生态度，激发孩子们的潜力和创造力，建立牢固的自信和积极性。

激励可以在家庭生活中营造出良好的家庭氛围，巩固亲子关系。当孩子出现对抗情绪时，首先要了解孩子内心的想法，让孩子理解为什么要这样做。试着从孩子的角度考虑问题，尽量让孩子了解和接受这项任务的重要性，不要用强硬的态度命令孩子。当孩子完成后，要及时地赞美孩子，即使他做得不好，也不要吝啬你的鼓励。鼓励是肯定孩子的优点和长处，有利于孩子能力的发挥，重视孩子内在的自我激励。身教胜于言教，平时让孩子在家人身上体会到榜样的力量。

正确做法：

✅ 发挥父母行为的榜样激励作用。

✅ 孩子做得好的地方父母要及时表扬。

✅ 适当地给孩子一个拥抱或者给孩子一份小礼品作为奖励。

 **法则 29　孩子是家庭的一分子，要给予其发言权**

　　安琪的爸爸妈妈都是工人，每天早出晚归，他们没有太多的时间陪伴自己的孩子。在他们的心里，孩子一直都是懂事、安静的。

　　晚上，爸爸妈妈回来了，在房间一直商量着家里装修的事情。来到父母的房间，安琪敲敲门，得到回应后，安琪进去，叫了爸爸妈妈，可他们看了一眼自己就又继续他们的讨论。安琪觉得父母忽视了自己的存在 ，她很委屈，大声地说："爸爸妈妈，我也是家庭的一分子，请听我说话。"爸爸妈妈们一愣，看着她，疑惑地说："你就是个孩子，你要说什么？"安琪哭了，哭得非常伤心，她一边哭一边说，"我都长大了，应该有发言的权利，这个家是我们共同生活的地方，要装修，是不是应该找到大家都喜欢的风格？"一连串的问题，问得爸爸妈妈目瞪口呆。

　　家是一家人共同生活的地方，随着孩子的长大，他们的思想变得成熟，的确有权利发言。孩子难过不是因为家长没有按照自己的想法去做，而是自己有话说不出。

爸爸觉得孩子正在上学，考虑问题不周全，再说也不适合参与大人的事，这是错误的想法，他忽略了大家都是家庭中的一分子。

错误做法：

❌ 忽略孩子的想法。

❌ 孩子说话时表现出不耐烦的态度。

❌ 认为孩子很小，不应该参与大人的事儿。

❌ 直接制止孩子说话。

孩子是家庭中的一员，作为父母，我们应该给予其发言权，不能因为孩子小而忽视他们的存在。家庭中对孩子缺乏民主、平等意识是不正确的，"小孩子要听从大人的""大人的事儿无须孩子插言""小孩子只负责学习就可以"，这些话语都会对孩子造成影响。孩子在这个家庭中的确很小，但我们不能忽视的是，他也是一个独立的、有思想的人。

要尊重孩子的看法和意见，孩子也有权利发表自己的想法和需求。作为父母，我们要给孩子发言的机会，这样才能更好地知道孩子的想法。孩子在表达自己的想法时需要思考，这也是培养他们表达能力的机会，对其未来的发展也很重要。

让孩子发表自己的意见和想法，也是建立和谐家庭关系的关键之一。让孩子积极参与到家庭事务的讨论中来，这是平等看待小孩，让孩子对所讨论的事情进行发声，这能在很大程度上激发孩子的主人翁意识，对孩子的成长利大于弊。

正确做法：

- 对待孩子的想法，有耐心、有兴趣倾听。
- 对孩子表达自己的看法。
- 遇到家庭问题和孩子商讨解决方案。

引导孩子进行正确的人际交往

周末，淘淘吃过午饭，开始写作业，写着写着，忽然听见熟悉的脚步声，这是谁呢？一定是我最好的朋友笑笑来了。因为我们约好玩打水仗。就这样，他们一起下楼玩了。玩着玩着，淘淘撞到了笑笑，还把笑笑的水枪给撞坏了。因为这事儿，两人吵了起来，各自回了家。

妈妈看出孩子心情不好就问了原因，淘淘把和笑笑吵架的事告诉了妈妈，说自己也有不对的地方，只是没有勇气承认错误。妈妈笑了，跟他讲了很多道理，并鼓励他先去道歉，告诉他道歉并不是一件丢人的事儿。淘淘敲响了笑笑家的门，他俩心有灵犀似的同时说了一句"对不起"。两人都开心地笑了。

淘淘和笑笑这对好朋友，因为一点儿小事而闹了矛盾。两个人都觉得自己很委屈，选择了冷处理的方式。可这毕竟不能从本质上解决问题。

淘淘妈妈了解了事情的原委，和孩子对事情进行了分析，引导孩子在遇到问题时要多方面地进行思考，也要对自己的问题进行剖析，正视问题，并鼓励孩子为自己的错误道歉。

错误做法：

❌ 孩子小的时候没朋友，家长认为无所谓，相信长大就好了。

❌ 告诉孩子遇到麻烦一味地沉默避让。

❌ 教唆孩子不要理对方。

没有谁天生就会与人交往，需要在后天的成长中渐渐学会。

人际交往是我们生活中不可或缺的一部分，它不仅关乎我们的生活，更关乎我们的心理健康。

为人父母，我们要让孩子不因人际交往而焦虑，应该教导孩子正确建立良好的人际关系。作为父母，我们有责任教导孩子如何建立和保持良好的人际关系，这对他们的成长和发展至关重要。

首先，应该在家庭中为孩子营造一个轻松、舒适的环境，使孩子敢于去说，知道如何去说。哪怕孩子在表述中闹出了笑话，父母也不要嘲笑孩子。这样孩子才会更有自信。

其次，应该锻炼孩子，与人主动交流。家里来了客人，孩子要主动打招呼；外出购物时，要与售货员沟通；与他人交流要有礼貌；等等。

最后，父母应该培养孩子广泛的兴趣爱好，使孩子"博学"。社会心理学上有个词叫"人际吸引"，是指人际交往中相互接纳和喜欢的关系。孩子在某些方面表现得有天赋，就容易在这个领域吸引他人，他人向自己靠拢时，就会格外自信。

切记，不论孩子在人际关系中遇到何种问题，作为父母，我们都需要提供支持和鼓励，告诉孩子，要坦诚地表达自己的感受，父母永远在他的身边。

正确做法：

- 多给孩子创造一些轻松、舒适的环境。
- 带着孩子参加朋友聚会。
- 和小朋友多在一起玩耍。
- 增长孩子的见识。
- 在日常生活中锻炼孩子。
- 成为孩子最信任的朋友，给他信心。

正确认识孩子的"主见"

　　小明到了叛逆的年龄，在家里越来越不听话，总是按照自己的想法去做事，很有"主见"。对于爷爷奶奶的话，他总是当耳旁风，常常不屑一顾，认为自己都是对的。

　　有一天爷爷批评了他，他却说："老师教育我们，做人要有主见，不能徘徊不定。难道我错了吗？"爷爷告诉他："有主见是对的，可以表达，但要听取别人的正确建议。如果一味地按照自己的想法去做，就是自以为是了。"小明惭愧地低下了头。

　　小明误把"主见"当作"随心"。他觉得，只要是自己认为对的事，就可以按照自己的想法去做。

　　爷爷的话让小明知道自己现在的做法并不是有主见，而是"自以为是"。自以为是的人总是认为自己是对的，他们听不进别人的任何建议。只有当自己的思想符合现实，能够解决问题的话，才可以被称为有主见。

错误做法:

❌ 认为孩子能说就好，不管对错。

❌ 认为孩子还小，想干什么就干什么。

❌ 不管不问，娇生惯养。

所谓主见，是指遵从自己的内心，有自己的价值判断，不会被他人的思想左右。做人，是要有主见的。成大事者，要对所看到的事物有所见地。普通人也是如此，不要人云亦云，那样就不会有属于自己的方向。

有主见也代表着孩子长大了，作为家长应该认可和鼓励。遇到问题，不要急着帮助孩子下结论，可以尝试让孩子自己对事物进行分析并且做出决定。如果孩子做出的决定有问题，但是问题不严重，就不必忙着去制止，这也是在教会孩子，作结论一定要考虑周全。有主见的孩子会有自己的思考方式，会深思熟虑后做出有利于自己的决定。

家长在鼓励孩子有主见的同时，也要明确"鼓励不代表放纵"。有时孩子思考过度，反而会引起不良后果。有主见也一定要把握好一个"度"，如果不听从和不考虑别人的建议，就可以被称为自以为是了。所以我们要在孩子做事之前，想好这样做的后果如何。如果发现有严重的问题，影响到孩子的生活或心理，需要我们加以阻止和引导，防止他误入歧途。

孩子总是要按着自己的心、自己的思路去做事，我们不能否认这是孩子的主见，但是也不能否认孩子的性格是否存在偏差，比如钻牛角尖，或目空一切等。作为家长，要细心观察自己的孩子属于哪类。如果是后者，作为家长，我们要教会孩子懂得认清事情的本质。

正确做法：

◉ 孩子想做的事情，只要不太出格，就不要过多干涉。

◉ 不要总是跟孩子说"不"。

◉ 家长做好榜样，正确引导。

◉ 多带孩子参加活动，多鼓励孩子。

让孩子去做最后的"实施人"

　　小迪今年 10 岁了。他的爸爸妈妈工作都很忙，他由姥姥照顾。由于父母经常不在家，偶尔陪陪孩子，对孩子的小脾气也很自然地接受了。但是在有分歧时，一家三口就一起讨论，在分析事情的后果后再做出决定。姥姥来照顾，问题逐渐出现，姥姥的性格很刚毅，更是说一不二，所以自然决策权落在姥姥的手中。小迪敢惹爸爸妈妈，却唯独怕姥姥。

　　小伙伴到小迪家里玩，孩子们玩得太尽兴了，把客厅弄得有点儿乱，沙发上都是食物渣子。姥姥看到后很是生气，批评了他们。

　　小迪见朋友被姥姥数落了，觉得很没面子，就生气地摔着东西。他这突然的举动也吓坏了一旁的姥姥。祖孙二人就这样耗着，谁都不理谁，直到小迪的父母回来，姥姥生气地走了。

　　小迪妈妈决定把全职工作改为兼职，这样还能照顾一下孩子。在妈妈的照顾下，小迪的性格好了许多，涉及小迪的事情，妈妈做之前会询问一下他的意见。

小迪和爸爸妈妈在一起的时候，父母会顺着他的小脾气，有问题了也是一家三口商量着解决。但是由于父母工作忙，就让姥姥照顾小迪。小迪的姥姥很严格，不允许孩子触犯自己，也鲜少让孩子做决定。

小迪在姥姥的严威之下很乖巧，有什么事也从不需要他去做什么决定，因为姥姥已经帮他做好了。当他和自己的小伙伴被姥姥责怪了以后，问题一触即发，小迪发泄了心中所有的不满。

孩子在性格刚毅的姥姥的照顾下，变得没有主见或过于叛逆。相反，小迪妈妈的做法更能让孩子接受，因为她把决定权交给了孩子。

错误做法：

✖ 家庭一言堂。

✖ 认为孩子只需要听话、照做就行了。

✖ 父母认为决策权只能在他们自己手中。

✖ 口头说让孩子做选择，最后父母自己做选择。

大多数父母会羡慕别人家的孩子听话，也更希望自己家的孩子能够让自己省心。可孩子是独立的个体，他也有思想、有自己对事物的独特看法。孩子越大，就越有主意，不爱听从父母的安排，甚至和父母唱反调，最后的结局就是双方都生气。面对这些问题，父母要是想快速有效地解决问题，就不能硬性规定孩子，那样可能做到了暂时性解决问题，实则埋下了更大的隐患。

想要解决问题，可以尝试把决策权交给孩子，让孩子自己去把握这个"尺度"，逐渐让孩子从做决定中培养独立的能力。

正确做法：

✅ 给孩子提供几个可行性方案。

✅ 多向孩子提出相应问题。

✅ 重要的事情，最后由孩子自己来做决定。

✅ 积极地鼓励，正确引导孩子。

法则 33　教会孩子去"拒绝"

　　小雨长得萌萌的，肉乎乎的小脸，谁见了都想捏两下。今天妈妈带小雨上电梯时，遇到了楼上的叔叔。叔叔家没有孩子，对小雨也是格外喜欢，再加上两家相处得特别好，叔叔也总喜欢逗小雨。今天遇到小雨，叔叔又伸出手想捏两下他肉乎乎的脸。小雨急忙躲闪，把小脸侧向了一旁，可叔叔还是不甘心，又凑了过去，还说："我们小帅哥知道害羞了。"见小雨没有过来，叔叔又靠近了些。这可把小雨气坏了，他一直都讨厌别人捏自己的脸，这次终于忍不住踹了叔叔一脚。一旁的妈妈也没料到小雨这突然的举动。叔叔为此非常尴尬。

　　小雨不想接受叔叔的"好意"，叔叔的举动让他很是反感，在忍无可忍下踹了叔叔一脚。从孩子的角度来说，他做得并没有错，身体是自己的，他有权不让别人碰触，只是方法有点儿过激。

　　小雨的邻居叔叔的确出于喜欢孩子的角度，喜欢逗孩子，爱捏孩子的脸，但是从孩子的反应就可以看出来孩子的不悦，可他还是去做了，最后被孩子踹了一脚，只怪他不尊重孩子。

错误做法：

❌ 因为面子，总是有求必应。

❌ 害怕拒绝别人后会伤害到别人。

❌ 委屈自己，同意别人的要求。

❌ 不考虑自己的实际情况，盲目地接受别人的要求。

想必父母都知道，孩子终究会离开自己走向社会，生活在群体中。想要孩子更好，除了教会孩子懂事、大气、助人为乐等，还要教会孩子懂得"拒绝"。

事实上，拒绝并非一件容易的事儿。当别人要求或请求自己去做某些事情时，自己是不想去做的，可是又不好意思回绝他人，给自己造成了困扰和心理压力。

作为父母，我们要让孩子知道，在自己不情愿的前提下，勉强接受他人的意愿，是一件错误的事情。我们应该教会孩子怎样和平、友好、委婉地拒绝别人的要求，与此同时，也要学会泰然自若地接受他人对自己的拒绝。

当孩子对我们说不好意思直接拒绝他人时，父母可以告诉孩子说"等等，给我一点儿时间，让我考虑一下"。再引导孩子仔细思考，是不是真的应该去拒绝，如果经过深思熟虑后，还是觉得自己不想去做，那就直接拒绝。切记，要告知孩子给人家明确的答案，不能不了了之。

父母还有必要告知孩子，拒绝别人会有什么样的后果。选择直接拒绝别人，语言过于直接，一定会使人不悦，毕竟没有人会喜欢被当面拒绝。那么，换成委婉的拒绝，别人就会愉快且欣然接受吗？答案是否定的。

拒绝别人后，他们不开心是正常的情感表现，暂时的尴尬也是情理之中的事情。不要因为自己拒绝了别人而产生过度的心理负担，也不要过于忧虑自己会因此失去什么。如果是真正的朋友，不会因为你的拒绝而与你决裂，若真的因为你的拒绝而与你决裂，那就不是真的情感。

正确做法：

- 委婉地拒绝他人。
- 优先处理自己的情绪。
- 实在不知道如何拒绝，可以尝试反提要求。
- 拒绝别人后，适当地给予他人心理补偿。

法则 34　告诉孩子"正能量"与"负能量"的区别

周末，风和日丽，妈妈带着丽丽去外婆家。他们上了一辆公交车，车上人太多了，挤来挤去，妈妈和丽丽被挤到了一个角落里。丽丽说："妈妈，车上人好多啊，你看，那个姐姐好漂亮！"

正当丽丽妈妈远远望去的时候，车晃了一下，紧接着听见美女说："没长眼睛呀？你踩到我的新鞋了！"她的眼睛死死地盯着对面的老人，只见老人头发花白，连忙道歉。旁边的人看不过去了，小声地说："人这么漂亮，心可不咋的！假如是你父母，你也这样吗？"其他人也窃窃私语起来。

终于到站了，我问孩子："你觉得这个姐姐的行为对吗？"丽丽说："妈妈，她不给老爷爷让座就算了，怎么还说脏话？老师教我们要懂礼貌，她都那么大了怎么还不懂？我要收回说她好看的话。"丽丽妈妈听了孩子的话，"扑哧"一下笑出了声。心想：一个小孩子都懂的道理，怎么成人反倒不懂了。其实也不是不懂，只是不去做罢了。真希望人间充满正能量，吹散一切乌云。

丽丽和妈妈坐公交车，本来还觉得车上的大姐姐好漂亮，可是看到大姐姐的言行举止和所作所为，她觉得大姐姐一点儿也不美了，还要收回自己夸赞她的话。

丽丽妈妈借着生活中的小事件，就如何评价别人的行为表现，问了孩子的想法，也教会了孩子要有正能量，否则再美的人也会因为她的所作所为而变得丑陋。

错误做法：

❌ 消极情绪过重。

❌ 自私自利。

❌ 嫉妒心极强。

❌ 总是看到事物坏的一面。

何为正能量？我们可以理解为，促使事物和生命良性发展的能量为正能量。反之，导致事物和生命恶性演化的能量为负能量。

宇宙间的一切事物都是相生相克的，他们本身的存在我们不能给它完全的定义，不过从我们人类的发展角度来说，像"心善、心正、心好、积极乐观"就应该是正能量，相应地，"邪恶、坏心思、贪心、狂妄自大、害人、自私自利、嫉妒心、仇恨心、消极心、悲观绝望思想"等就是负能量。

　　孩子最具有"明辨是非"的观念，我们在教会孩子"正能量"与"负能量"的同时，更要告诉孩子远离负能量。正所谓"近朱者赤，近墨者黑"，一旦吸收了太多的负能量，就会对我们的生命质量造成影响，因此更要用正能量保护好自己。

正确做法：

- 做让自己快乐又不会伤害别人的事儿。
- 培养我们对自己的接纳，对他人、对世界万物的喜爱。
- 完善自我认知和对他人、世界的认知。

激励孩子大胆地"发声"

媛媛和妈妈一起去超市购物，排队的时候，突然冲出来一个很壮的小男孩，他一头扎进了队伍，把排队的人们都吓了一跳。小男孩正好挤在媛媛的前面，纤瘦的媛媛被他挤出了队伍，站在一旁不知所措。

小男孩还粗声粗气地冲着后边喊："爸爸妈妈，我找到位置啦！"这样的举动引起了围观者的议论和不满，而媛媛却默默地低下了头。在一旁选购的媛媛妈妈看出了孩子内心的犹豫，拉过她的手，轻声说道："孩子，妈妈看到了刚才发生的事情，你可以去和那个男孩说出自己心中的想法，不要怕。当然妈妈也可以去帮你解决这个问题，可是这次妈妈在你的身边，如果下一次不在你的身边呢？所以，你要勇敢地站出来，说出心中的不满。"媛媛微微点了点头，眼中闪烁着一丝坚定。

在妈妈的鼓励下，媛媛鼓起勇气站在侵占自己位置的小胖子旁边，轻声但坚定地说："请你回到队伍里面去，大家都是按照顺序排队的。"小胖子看了看媛媛，又看了看旁边排队的人，然后有些不情愿地退了回去。媛媛妈妈微笑着鼓励她，使媛媛的内心如释重负，她知道自己做了正确的事情。

正确的表达和发声是培养孩子自信和独立的基石，也是他们在人生中不可或缺的技能。

妈妈鼓励媛媛去和插队的小胖说出心中的不满，正是出于对子女正确的教育。她的引导和鼓励让媛媛和小胖在这次交流中体验到了正确表达的力量，这不仅是一次孩子之间的情感交流，更是妈妈在适时引导子女正确发声的示范。

父母需要在孩子的成长过程中给予他们正确的教育引导，培养他们正确表达情感的能力，让他们懂得如何在适当的时候发声。

培养孩子正确表达情感的重要性不可忽视。情感表达是每个人日常生活中不可或缺的部分，而在孩子的成长过程中，培养他们正确表达情感的能力尤为关键。只有当孩子懂得如何用适当的方式表达自己的情感时，他们才能在日后的人际交往中更加自如地沟通，并更好地理解和被理解。

影响孩子正确发声的不仅仅是当下，更是未来。当孩子学会了正确而积极地表达自己，他们将更有可能成为未来社会的积极建设者。一个懂得表达的孩子，有可能会成为能够解决问题、促进社会进步的成年人。因此，孩子正确发声的影响不仅仅停留在个人层面，更渗透到整个社会的发展当中。

　　培养孩子积极参与和表达态度是一个长期的过程。借助父母正确的引导和示范，孩子会更加积极地参与到分享自己的内心世界和表达情感的过程中。这种积极参与和表达的态度，将有助于孩子更加自信地面对生活中的各种挑战。

错误做法：

❌ 急于否定孩子的观点。

❌ 不允许孩子质疑自己。

❌ 认为孩子"反击"就是错误。

❌ 道德绑架孩子。

❌ 总在孩子面前说别人家孩子有多么乖巧。

　　大多数父母对于孩子与自己"争辩"这件事是难以接受的，认为这是孩子"不礼貌"的表现，甚至觉得一定要在孩子还没犯这种错误之前就"管教"好。事实上，"争辩"不一定就是错误，只不过是出于不同角度思考问题而已。

　　当孩子首次出现了与你争辩的时候，你可能会生气、会意外、很想制止，觉得这不是自己那个乖孩子了。其实换一个角度思考，这代表着孩子长大了，他已经对事物有了自己的思考，父母应该以宽容的态度与孩子共同成长，用平和的语气和孩子分析事情的对与错。

　　让孩子敢于去"发声"，在孩子表明自己观点是没有偏离正确的价值观的情况下，我们应该赞同孩子。支持并鼓励孩子发出自己的声音，这在无形中培养了孩子对事物的独特见解，更是在锻炼思辨、处事能力方面起着至关重要的作用。

　　父母不能总是摆出自己的权威，时时告诉孩子"我是父母"，要时刻记得，孩子是独立的个体，他们应该有自己的想法和主见。父母想要孩子成为优秀的人，不仅仅要培养孩子在学习上优秀，还要从多方面培养孩子。从孩子小的时候起，就让孩子学会、懂得如何"发声"，这对孩子未来一定会有所帮助。

正确做法：

- 支持孩子表达自己对事物的见解。
- 鼓励孩子发声。
- 孩子的想法和自己不一致，要尝试站在孩子的角度思考。
- 盲目地认为孩子只要肯"发声"，就应该支持。

不做强势父母，不让孩子失掉主见

圣然小时候，妈妈就想将他养成一个懂事听话的男孩。所以，圣然在儿时用的一言一行妈妈都会非常注意，小到一颦一笑、举手投足，大到待人接物，妈妈都会追踪管教。

小朋友约圣然到儿童乐园去看"儿童鬼屋"，圣然非常开心，他觉得终于可以感受一下"刺激"了，可妈妈知道后毅然决然地否定了。

去逛商场，圣然一眼就相中了那件印着"柯南"图标的休闲衫，妈妈觉得黑色的衣服又印着柯南的头像真是丑极了，于是以她的想法买了一件蓝色的。

圣然对打篮球非常感兴趣，妈妈却觉得他的个子虽然高但是更适合练习钢琴，便强制给圣然报了钢琴特长班。

类似这样的事情有很多，起初圣然还拒绝，逐渐演变成听话照做的"乖孩子"。亲戚邻居对安然的评价就是"这个孩子从不惹祸，不惹妈妈生气，性格温和，就是少了一点儿个性"。

圣然现在13岁了，长成了妈妈希望的样子。他从不给妈妈惹祸，凡事听妈妈的话。妈妈觉得自己把孩子养得特别成功。

表面看来圣然妈妈确实养出了一个听话的孩子，可是她却不懂一个孩子没有了自己的想法，是一件非常可怕的事情，现在大事小事都要听妈妈的，长大后就会去听从别人的，如果没人给他指明方向，自己就会不知所措。更加严重的话会使其做事情没有担当，躲在他人的后面，依赖他人。

错误做法：

- ❌ 家长对孩子控制欲太强。
- ❌ 轻易打击孩子的想法。
- ❌ 父母包裹性太强。
- ❌ 家长不想放手。
- ❌ 父母过多干涉孩子的生活。
- ❌ 家长过分强调自己的主观判断。

家长的角色定位对孩子的成长影响深远。作为孩子成长道路上的引路人和榜样，家长的行为举止和教育方式会直接塑造孩子的性格和行为模式。在亲子关系中，家长的定位是至关重要的，因为这直接决定了家庭氛围和孩子的成长环境。

强势父母往往在家庭中扮演着支配性的角色，他们习惯于对孩子的一切事务进行干预和安排，不给予孩子较大的自主权。这种教养方式会给孩子带来负面影响，包括缺乏自信心、缺乏自主能力，甚至会导致孩子长大后难以适应社会生活。强势父母可能以为自己的行为是出于对孩子的好，却可能扼杀了孩子成长和发展的空间，甚至在某种程度上影响了孩子的心理健康。

教育界有一句话说得非常好："凡是对孩子将来负责的父母都应该牢牢记住这个很重要的育儿原则——替孩子们做他们能做的事，是对他们积极性的最大打击。"

作为父母，我们的目标不是让孩子与我们完全一致，而是要培养他们独立思考和独立处理问题的能力。我们要给予孩子适当的自主权和自由度，让他们在一定范围内有自主选择的权利。这种教养方式有助于孩子建立自信，形成独立的人格，为他们未来的发展奠定坚实的基础。

正确做法：

- 不轻易否定孩子的想法。
- 允许孩子适度地"不听话"。
- 孩子提出想法时，给予孩子适当的鼓励和肯定。
- 鼓励孩子表达自己的意愿。
- 给孩子选择的机会。
- 尊重孩子的个体差异和独立性。

第五章　兴趣篇

　　尊重孩子的兴趣是父母教育孩子过程中至关重要的一环。孩子的兴趣是他们内心世界的真实写照，也是每个孩子独特的天赋所在。在孩子表达兴趣的过程中，父母应当给予足够的关注和理解，不要强加自己的意志和期望。因此，尊重孩子的兴趣是一项需要父母们用心倾听和理解的"功课"。在这个过程中，父母应该成为孩子成长道路上的朋友和引路人，给予他们关怀和支持，让他们茁壮成长，尽情展现自己的光彩。

告诉孩子，"兴趣是最好的老师"

冠童的父母正商量着让孩子学点儿什么特长，将来可以有一技之长。思来想去，他们最后决定让孩子学习美术，第二天就为孩子报了一期的美术课，还为孩子购置了美术用品。

其实冠童对爸爸说自己不喜欢美术，她喜欢舞蹈。可冠童爸爸觉得女孩子学习舞蹈免不了要登台献艺，而且有一些服装也比较暴露，不适合女孩子。孩子终究拗不过爸爸，就去学了美术。

但冠童上了十节课，却一幅画都画不出来，爸爸也只能干着急。老师反映在美术课上冠童一点儿都不配合，完全提不起兴趣。爸爸也是着急，便说了冠童，孩子委屈得哭了起来，她说自己也尝试去喜欢画画，可是真的没有任何兴趣，反而听到音乐就充满了活力。听了女儿的话，爸爸沉默了。

冠童爸爸想让孩子有一技之长，不惜花重金培养孩子去学美术。可是冠童对爸爸帮自己选择的课程毫无兴趣，她十分苦恼，爸爸对孩子的行为也是尤为气愤。

让孩子未来能拥有一技之长，这是一个非常好的想法，可是冠童爸爸忽略了一点——兴趣是最好的老师。孩子对爸爸所选择的科目没有任何兴趣，即使强迫她去学习，也起不到任何效果。为孩子选特长，一定要选择孩子感兴趣的课程，这样才会促进孩子学习，学有所获。

错误做法：

❌ 按照自己的意愿为孩子选择课程。

❌ 认为学着学着就感兴趣了。

❌ 逼迫孩子再努力一点儿。

❌ 担心孩子输在起跑线上，盲目为孩子选择课程。

❌ 做多项选择，坚持"技多不压身"原则。

兴趣是个人力求接近、探索某种事物和从事某种活动的态度和倾向，亦称"爱好"，是人的个性倾向性的一种表现形式。兴趣是一种动力，在当事人内心喜悦时，它会成为一种促人进步的内驱力，让人不怕得失、不怕吃苦、不怕付出、心甘情愿、尽心尽力地投入。

一个人对什么感兴趣，就会格外地喜欢它。在学习感兴趣的科目时，便很快能学会。如果不感兴趣，强制学习，自然会学得很慢。对于孩子来说，最棒的老师自然是兴趣。

全天下的父母都有一个共同的心愿：希望自己家的孩子能出

人头地。有很多父母深信只要孩子在起跑线上，就不应该输于人后，所以很早就开始为孩子筹划。在为孩子选择课程时，要顺应孩子的兴趣、爱好，不能强迫孩子改变心意。

一定不要以简单粗暴的方式为孩子选择兴趣课，要尽可能地选择孩子感兴趣的课程，这更有助于孩子的学习。如果强制性要求孩子按照自己的想法去报课，会造成孩子表面顺从，但从内心深处会极度抵触，在一定意义上也抹杀了孩子对"兴趣班"的好感。

不要以为孩子所感兴趣的课程难以登上大雅之堂，很难出人头地，如剪纸、做饭、缝纫等，就强迫孩子停止。父母尝试放手，让孩子对自己感兴趣的内容进行学习，这对孩子的未来会很有利。在父母为孩子找到心仪的趣味课程后，家长要鼓励孩子坚持下去，毕竟做事的前期靠兴趣，后期靠坚持。一定不要半途而废，这样才有可能以兴趣课程为前提而有所成就。

正确做法：

◎ 允许孩子在错误中成长。

◎ 善于观察孩子的天赋。

◎ 善于对孩子进行鼓励。

◎ 要明白"三百六十行，行行出状元"。

◎ 支持孩子的兴趣。

◎ 合理调配时间。

培养孩子成为"问多多"

张洁的宝宝5岁了，聪明伶俐，自从上了幼儿园，整个人更活跃了。他每天回到家里会和爸爸妈妈讲学校发生的事，起初爸爸妈妈还能耐心地听完孩子的描述。渐渐地，孩子的话越来越多，也越来越爱提出问题，他的问题由简单到复杂，渐渐演变到稀奇古怪。张洁夫妇有点儿招架不住了，小孩子得不到答案就会一直问，弄得他们尴尬极了。

有时候宝宝肚子疼，他就会问：为什么肚子会痛？妈妈的肚子怎么不疼？

答：每个人的身体不一样呀，肚子疼有很多种原因。

问：那为什么每个人的身体会不一样呢？我们不都是人吗？

答：……

孩子在语言发展期，会有这样一个爱问问题的阶段，简直就是一个"问多多"。在孩子的成长过程中，都会出现这样的阶段，他们喜欢不停地提出问题，似乎"为什么"整天会挂在他的嘴上。

面对这个阶段的"好奇宝宝"，家长要理性对待。无论是幼稚的问题，还是莫名其妙的问题，甚至是令人尴尬到崩溃的问题，我们都应该正面回应孩子。

> **错误做法：**
>
> ❌ 孩子有意提问，家长无心回答。
>
> ❌ 父母对孩子过于严厉，对孩子提出的问题永远"军事化"。
>
> ❌ 孩子提出问题，父母挖苦和嘲笑。

语言学家研究表明，幼儿在 2~6 岁会进入语言发达期阶段，孩子的语言爆棚，似乎除了睡觉时能安静点儿，剩下的时间就是玩和说，而且越来越能说。随之提出的问题也是越来越多，活脱脱就是一个"问多多"。

一个个问题脱口而出，孩子还是乐此不疲。这时，父母一定要有足够的耐心回答孩子提出的问题，陪伴孩子一起探索这些稀奇古怪的问题。这时家长要切记：不要无视孩子提出的问题，这样容易封闭孩子的语言。孩子的求知欲被打破，他就没有提问的欲望，不提问也就意味着不主动思考，自然也就不爱找寻答案了，这会对孩子造成不好的影响。

孩子的问题是如此之多，家长即使还有许多工作、生活中的事要处理，也要应对孩子提出的问题。有的家长对待这类问题，也许会从随意回答到敷衍回答，再就是连敷衍都不想了，直接发火。这对于孩子来说，无疑是一种伤害，很多孩子先天语言条件很好，可是在语言发达期经历了家长的冷暴力，就容易演变成语言受阻。

要知道，做一个家长不容易，做一个优秀的家长也很不容易，而做一个懂得知道孩子内心的家长更不容易。作为父母，我们一定要正视孩子提出的问题。

正确做法：

- 对孩子提出的问题认真思考。
- 重视孩子第一次提问。
- 生活中多使用启发式的交流。
- 对孩子有足够的耐心。
- 引导孩子去提问。

孩子的兴趣来了，家长要懂得尊重

最近星星很是不一样，他会经常蹲在奶奶家小院子的角落里看好久，直到蚂蚁出来他才会露出笑容，然后追随蚂蚁的足迹观察它们。到小区公园去玩的时候，他基本上每天都会捡小石子回来送给妈妈。当他的衣服坏了，奶奶用针线进行缝补时，他目不转睛地盯着奶奶手中的针线。他还总是对家里抽屉里的东西感兴趣，有一天竟然找到了锋利的剪刀，尝试剪家里的窗帘。

妈妈联想到星星一系列的举动，觉得这个孩子怎么对什么都感兴趣，不禁有一点儿担心，对事物只是好奇还没什么，主要是孩子什么都敢动。

她知道这是孩子成长必经期，可还是会害怕，如玩剪刀、把干面球塞到鼻孔中，这些都太危险了。要怎么做才能不打击孩子探索新事物的积极性，又能让他保持安全距离呢？

星星正处在探索新事物成长的阶段，他几乎对能看到的任何新鲜事物都产生了极大的兴趣。可是在孩子的世界中，根本不会判断什么是危险，这也是家长最担心的事情。

　　孩子对身边的事物充满了好奇，星星妈妈在支持孩子探索新鲜事物的前提下，要对孩子进行积极正面的引导，培养孩子对发现的问题进行探究，这样既能发展孩子的兴趣，也能尊重孩子的天性，对孩子的成长十分有益。

错误做法：

- ❌ 保护欲过重。
- ❌ 觉得孩子的想法很幼稚。
- ❌ 无视孩子的变化。
- ❌ 孩子因为好奇心过重而弄坏了东西，家长对其进行责备。
- ❌ 直接告诉孩子结果，不给孩子探索的机会。
- ❌ 告诉探索新事物的孩子，不要活在梦幻之中。
- ❌ 为了不让孩子碰触新事物，就过度夸张吓唬孩子。

　　孩子在进入成长期后会对事物充满敏感、好奇，安全与危险也会随时包围在孩子的左右。父母可能会时刻担心孩子的安全。其实作为家长，我们也不用过于多虑，只要做好常规的保护和正向的引导即可，所担心、忧虑的问题就不攻自破了。

　　孩子的兴趣来了，家长以尊重为前提对孩子进行正确的教育，能让孩子知道事物中蕴含着联系，就像食物链一般。在某种情况下，家长可以走在孩子兴趣的前端，孩子也会"以样学样"，为后期孩子成长过程做好铺垫。

当发现孩子有感兴趣的东西并且正在探索时，在不伤害孩子的前提下，要对孩子进行鼓励。这份鼓励对于孩子而言尤为重要，它能够帮助孩子树立自信，这样孩子的好奇心就会被满足。

在孩子探索的过程中，家长不要去做一个冷漠的旁观者，而要做一个陪同者。陪着孩子一起做他好奇的事情，会让孩子充满幸福感，并自信满满地去面对未来的事物。

正确做法：

◉ 对孩子幼稚的行为，从不取笑。

◉ 学会放手让孩子去探索。

◉ 帮助孩子开阔视野。

你的兴趣不等于是孩子的兴趣

　　玮玮去婶婶家吃饭，一边吃一边夸赞婶婶的厨艺精湛。她那夸张的吃相加上幽默的语言，逗得一桌子的人都笑了。玮玮妈妈有点儿不开心，她说："难道我做的饭不好吃吗？"玮玮直接说："妈妈，咱家哪里做过这么香的菜？您注重养生，所以在我的记忆中，咱家的菜都是以少盐、少糖、少油清淡为主。我印象中就没有几顿红烧的、油炸的，总之都是您喜欢的。"

　　妈妈大概没想到孩子会说出这番话，当即就起身坐在沙发上生起了闷气。玮玮见状也生气了，她气得哭着对大家说："我妈妈就是这样，她觉得好的就要强加在我身上，她感兴趣的、觉得最好的，强迫我也去感兴趣。如果我反驳，她就会给我讲大道理，直至我表现出感兴趣她才会罢休。"

　　一桌子的人都沉默了。是呀，家长的兴趣不等于孩子的兴趣，没有必要把自己的兴趣强加于孩子身上。

　　一顿饭引发了争议，玮玮在吃婶婶做的饭时发表了个人观点，引发出妈妈喜欢把自己的兴趣加在她身上的不满。她觉得妈妈的兴趣不是自己的兴趣，不喜欢妈妈这个样子。

玮玮妈妈的喜好并没有错，她为了孩子的健康注重养生也没有错，她把自己感兴趣的和孩子分享也没有错，可是她错误地认为自己的兴趣就是孩子的兴趣。要知道，每个人都是独立的，都有自己的喜与不喜。玮玮妈妈应该重视这个问题，如果想要孩子有更好的发展，就不可以把自己的喜好强加于孩子身上。

错误做法：

- ❌ 一厢情愿，以为自己做的就是孩子喜欢的。
- ❌ 不以尊重为前提，为孩子制定课程。
- ❌ 强制孩子做某事。
- ❌ 总是管孩子的事儿。
- ❌ 以爱的名义，过度掌控孩子。

成人在思考问题时会全面思考，更多的决策会以现实需要为依据，而孩子在成长中，起初的兴趣会以自己内心最真实的一面为依据。每个人的性格不同，因此每个人的喜好也就不尽相同。把自己的兴趣强加于孩子身上并不合适，不但不会达到自己想要的效果，还会产生负面效果。

强行让孩子认同你的兴趣爱好，是不尊重孩子的表现，很有可能会破坏孩子的兴趣、自信、创造力，使孩子产生逆反心、抵触心。

作为家长，我们要深入了解孩子的想法，尊重孩子的意愿，还要为孩子把好兴趣关。在知晓孩子的喜好与自己的喜好不同时，可以把彼此的爱好作为对方的参考、建议，而不是强加。毕竟强加的兴趣很容易限制孩子的视野和潜质。

家长把自己的兴趣强加给孩子一定是不好的，家长应当尊重孩子的意愿，用多元思维培养孩子。

正确做法：

◉ 站在孩子的角度思考问题。

◉ 不要把自己的意愿强加在孩子身上。

◉ 不打压孩子。

◉ 支持孩子自立，不让孩子对自己产生依赖。

◉ 不对孩子感情勒索。

第六章

性格篇

　　健康的性格不仅指个体心理和情感方面的健康，更指具备积极乐观、自信自立、善于沟通、适应能力强等特质。拥有健康性格的孩子往往更容易获得他人的信任和支持，更加乐观面对生活中的挑战，也更具有解决问题的能力。此外，健康性格的孩子通常对自己和他人都持有积极的态度，能够建立健康的人际关系，更有利于个人成长和更快地融入社会。

让孩子拥有健康的性格

洋洋马上就到了升小学的最佳时期。可是他在幼儿园的表现着实令人堪忧，他基本上都活在自我当中。当小朋友们安安静静地坐在教室里上课的时候，他会随意地在教室里溜达；当老师要求他回到座位时，他会无辜地看向老师；好不容易回到座位上，他又会弄出奇怪的声音。他完全按照自己的意愿去行动。上课间操时，小朋友们都随着音乐的节拍跳舞，他则会随着节拍打拳，而且还满操场地跑。

洋洋的表现让老师十分困惑。老师找了洋洋的爸爸妈妈好多次，可也不见变化。爸爸说是妈妈没教育好孩子，妈妈说是因为爸爸没有给儿子起到榜样作用。

有一天放学，洋洋在老师和妈妈面前骂人，老师本来以为妈妈会制止，结果妈妈先是骂了孩子一句，然后又告诉孩子不许骂人，听得老师都不知道该如何回应。

洋洋的情绪变化极大，他几乎无法控制自己的情绪，时而乖巧，时而疯狂，但是他却认识不到自己的错误。

　　问题的根源不完全在于洋洋，"冰冻三尺，非一日之寒"，洋洋的问题，不仅是孩子自身的问题，他的家庭没有对孩子进行正确的引导，导致孩子性格中出现了缺陷。

　　在老师找过家长，说明孩子现在的情况后，他的爸爸妈妈都在推卸责任，他们没有认识到孩子现在的性格与他们的教育方式密不可分。要想让洋洋有所变化，首先洋洋的父母要先认识到自己的问题。只有真正对孩子负起责任，约束自己的行为，才能更好地帮助洋洋减除性格中的"不健康因素"。

　　家长在教育孩子时，一定要注意自己的教育方式。好的教育能让孩子形成好的性格，这对孩子以后在社会上的发展的影响是非常大的。

错误做法：

❌ 过于宠爱孩子。

❌ 在孩子面前经常动怒，发脾气。

❌ 孩子犯错的时候，家长反应太激烈。

❌ 父母为孩子制定不适度的总体目标。

　　孩子的性格，不是一时养成的。如果自己已经发现或者从专业人士角度被告知，孩子存在性格上的缺陷时，作为家长应该正视问题，寻找正确的做法，帮助孩子解决问题，这样可以快速帮助孩子解决性格问题。毕竟性格会时刻影响着孩子。

作为父母，我们要对孩子进行良好的教育，这种教育不单单是对孩子的学习、智力、特长等方面，还要多方面、多角度地培养孩子。之所以这样，是因为我们不仅要培养出一个学业上优秀的孩子，更要培养出一个性格良好、积极向上的优秀孩子。

跟大人一样，孩子也拥有自己的"舒适圈"，比如害羞不敢与人交往、不敢尝试新鲜事物、喜欢睡懒觉等。舒适圈是指一个人所表现的心理状态和习惯性的行为模式。家长要让孩子尝试走出"舒适圈"，知道如何听从指令，懂得与人交往，明白如何保护自己、不去伤害他人。

教会孩子与人有礼貌地沟通。听与说都可以划分到沟通的范围，能听懂别人说话，能正确地表达自己的意愿。会沟通、懂沟通、善于沟通的孩子将会成为一个有人缘的人。

教会孩子学会宽容。学会宽容对孩子的性格养成同样有着很大的好处，只要不违反原则的事情都不算事情，快乐他人，也快乐自己。凡事都能看得开，不因小事而计较得失，孩子自身会越来越快乐，身边的伙伴也会喜欢靠近他。

教会孩子不要惧怕失败和挫折。成败得失是人成长的宝贵财富，在失败中吸取经验教训，从而不断地努力、改变，走向成功。当孩子遇到挫折，不向前迈进时，不要急着和孩子阐述人生大道理，给孩子讲讲坚强的故事，陪着孩子，让他的内心变得强大起来，更快地融入集体、融入社会。

正确做法：

◉ 让孩子懂得宽容、学会感恩。

◉ 教会孩子不要惧怕失败，勇敢面对。

◉ 教会孩子懂得自我保护。

◉ 告诉孩子不要去伤害他人。

◉ 引导孩子为自己定下目标。

◉ 培养孩子成为一个社交达人。

◉ 郑重地告诉孩子要有正确的世界观、人生观、价值观。

坚强的重要性

思源今天回来情绪非常低落，眼睛有点儿红肿，小脸也是脏兮兮的，不用猜，这又是哭鼻子了。思源的妈妈不知道女儿的性格为什么这么软弱。

问明原因才知道，今天在学校上美术课，思源拿出了事先准备好的画笔。同桌小胖忘记带画笔了，也没和思源打招呼，直接就把画笔夺过去用。小胖很凶，思源不敢向他要回自己的画笔。当小胖把画笔还回来的时候，画笔已经被弄坏了，小胖也没道歉。

思源不敢和老师说，也不敢让小胖赔自己的画笔，只能自己悄悄地哭。当妈妈得知事情的原委后，特别生气，她大声地对思源说："你为什么这么懦弱？"妈妈越说越激动，生气地敲着桌子，思源哭得上气不接下气，泪水模糊了双眼，更不知道如何回应妈妈的话。

思源受到了委屈，在学校不敢说，只能选择哭。回到家里，妈妈还要为此责备她不勇敢。思源在这样的环境下成长，会更加恐惧生活，使本就胆小、不勇敢的她变得更加胆小。

思源的妈妈爱孩子心切，见到孩子受了委屈，却不敢面对问题、不敢解决问题，从而变得非常愤怒，情绪有些激动，过于严厉地指出孩子的懦弱问题。这给孩子的内心造成了严重的伤害。

当孩子遇到这样的问题，作为家长，我们首先应该先安抚孩子的情绪，抚慰孩子受伤的心灵，使孩子的内心平静下来，而不是大吼大叫，使孩子回到家中受到二次伤害。其次，我们要反思孩子的性格为什么不坚强，是不是自己的教育出现了哪些问题。

错误做法：

❌ 孩子受了委屈，替孩子直接出头。

❌ 对孩子大吼大叫。

❌ 教育孩子过于严厉。

❌ 孩子出现问题，只顾着指责，而不去找寻根源。

孩子的坚强，在很大意义上取决于父母。父母的言行以及所创造的家庭氛围，直接影响着孩子的意识、行为、性格等。心理学中有个皮格马利翁效应，又被称为罗森塔尔效应，是说如果我们对一些人赋予热切期望，这份期望就会奏效，达到我们的要求，因此它又被称为期望效应。在教育实践中，期望效应对孩子的成长有巨大的影响。

其实孩子变得胆小、懦弱，与父母的期望和教育有很大的关系。作为父母，我们内心对孩子的担心、焦虑，很有可能变成现实。父母想要孩子坚强，那他们自己先要起到榜样作用。

著名教育家陶行知告诉我们，"好的父母守望好孩子，让孩子自己主动成长；坏的父母代替孩子做事，让孩子被动成长。"事实上，孩子的路要自己走，作为父母，我们不可能无时无刻地跟随孩子，更不可能替孩子面对坎坷，要教会孩子坚强地面对未来。因为坚强的人，无论在何时何地都不会惧怕生活中的阴霾。

当孩子向父母哭诉时，那是因为父母是他唯一可以依靠的人。他害怕了、委屈了、无助了，会想到去找父母，想从父母那里得到安慰、关怀、理解和帮助。这时父母不要指出孩子的问题，而要用爱温暖孩子，让孩子知道有一个地方会时时刻刻给予他温暖。当孩子情绪平静后，再和孩子分析问题，并引导孩子如何解决问题。

如果怕孩子受到伤害，不能坚强地面对，那么在教育孩子的过程中，可以尝试给孩子设置一点儿小挫折，让孩子平日里一点儿一点儿学会坚强，这样即使步入集体，也不至于手足无措。

正确做法：

- ⊘ 接纳情绪，正确引导。
- ⊘ 肯定孩子的付出与努力。
- ⊘ 父母也要学习，不断成长。

- ✅ 改变孩子脆弱的心态。

- ✅ 理解孩子的不坚强，耐心陪伴。

- ✅ 对孩子多鼓励，少批评。

- ✅ 面对孩子多一份温柔，多一份幽默。

法则 43　巾帼不让须眉

子郡是一个单亲家庭的孩子，子郡的妈妈虽然一个人辛苦地带着孩子生活，但她很坚强，在教育女儿时，她正面引领孩子，告诉女儿，要有自信，要有独立思考问题、解决问题的能力，还经常给她讲古代女子的成功故事。

转眼间，20岁的子郡考上了一所理想的大学，子郡在妈妈的鼓励下，因为学习优秀每年都会得到助学金。毕业后子郡选择了回到家乡创业，凭借她的努力和灵活的头脑，她成了当地优秀的女企业家。当被记者采访时，记者谈及她现在的成功等一系列问题，子郡笑着说："妈妈告诉自己，中国有句老话，即'巾帼不让须眉'。"

子郡虽然在一个单亲家庭中成长，但是她的身上没有出现自卑、内疚、冷漠、沉默等心理障碍，她自强、自立、勇敢、乐观地面对生活。

子郡妈妈没有把自身的痛苦转嫁给孩子。她以正确的方式教育着女儿，养育出一个独立、乐观、果敢的人。

错误做法：

❌ 过度娇惯孩子。

❌ 养育孩子时进行错误的性别教育。

❌ 经常在孩子面前哭诉。

❌ 将愤怒转移到孩子身上。

❌ 放任孩子做事。

传统性别角色观念对孩子的影响是深远的，它们塑造了孩子们对世界和自己的认知。在传统观念中，男性被赋予更多的权利和责任，而女性被限制在某些特定的角色中。这种观念可能导致女孩在成长过程中对自己的期望和自我定位受到限制，同时也可能让男孩在对待女性的态度和期望上产生偏见。通过教育与引导，我们可以逐渐改变这种局面，让孩子们拥有更加平等和包容的性别观念。

女性的独立性与价值是值得强调的，她们在社会各个领域都能够展现出非凡的才华和能力。当今社会，女性已经不再局限于传统的家庭角色，越来越多的女性在职场上发光发热，为社会做出了重要贡献。因此，我们需要教育孩子，尤其是女孩，要珍视自己的独立性和价值，努力追求自己的梦想，不受性别限制，做自己想做的事情。

在教育女孩时，需要注重培养她们的勇气、坚定和自信。给予女孩更多鼓励和支持，让她们学会坚强面对困难，勇敢追求自己的梦想，自信地表达自己的想法，不被外界的质疑和挑战所动摇。

另一方面，对于男孩的教育同样重要，需要教育他们尊重、支持和平等对待女性。男孩在家庭中的教育和引导，对于将来的性别观念和行为方式影响深远。家长们应该注重教育男孩尊重女性，鼓励他们支持女性的追求和发展，并且让他们明白，男女之间应该是平等的关系，没有谁高谁低，没有谁应该被局限在某种角色中。

除言传身教外，家长还可以通过自身的言行和家庭环境来激发孩子自主性别认同的方法。比如，在家庭中不将特定的任务和责任划分给特定的性别，鼓励孩子在家庭中平等地承担家务和责任。

家长在教育孩子性别观念方面扮演着至关重要的角色。他们不仅仅是孩子们的引路人，更是孩子们性别认知的引导者和塑造者。家长要教育孩子明白巾帼不让须眉，需要从家庭出发，将平等、尊重和自由的性别观念融入日常生活中，为孩子们树立起正确的性别观念和态度。

正确做法：

◎ 培养孩子自我保护的意识。

◎ 告诉孩子不要虚荣。

◎ 培养孩子的气质和个性。

◎ 教会孩子独立自主。

男儿当自强

小刚的爸爸工作调动，他们一家从南方搬到了北方。

小刚近日非常沮丧，总是沉默寡言，还拒绝谈论学校的事情，父母感觉到孩子内心的压力。在父母耐心的劝导下，小刚与父母说出了自己心中的痛楚，并且表明不愿意去学校，他觉得自己无法融入新环境。父母则耐心倾听他的诉求，但同时也告诉他，逆境是成长的催化剂，一个男孩应该有担当和勇气去面对困难，不能逃避现实。

爸爸妈妈听了孩子的述说，内心很焦急，也非常心痛儿子的处境，他们想去学校和老师沟通，可是深思熟虑后他们觉得应该让孩子自己思考如何解决这件事。

父母给予小刚耐心的劝诫和教导，他们不断鼓励小刚要坚强，不能被困难击倒。

在父母的陪伴和鼓励下，小刚的努力终于得到了回报。不到半年的时间，他不仅和同学们的沟通变得畅通无阻，还在学习上取得了颇为优异的成绩。小刚感受到了自己的变化和成长，更重要的是，他对未来充满向往和期待。他渐渐明白，只要勇敢面对，努力拼搏，未来是可以改变的，他对未来充满信心和希望。

小刚的父母，在孩子遇到困境时，第一反应是想帮助孩子快速脱离困境，让孩子内心不受到痛苦的折磨，可是他们在教育孩子时沉着冷静，知道此次帮助孩子，只能是暂时地为他脱离困境，将来还会有更多的问题，所以他们选择了给孩子留有空间，让孩子明白只有自己努力，养成坚韧不拔的品质和独立解决问题的能力才是解决问题最好的办法。

"男儿当自强"这句话自古便是中华民族的传统美德之一，它蕴含着坚韧不拔的品质。自古以来，男子汉应当敢于担当，坚韧不拔，勇敢无畏，这是男儿当自强的内涵所在。他们承载着家族、国家与民族的期望，肩负起振兴中华的历史重任，力求自我提升，成为社会的栋梁之材。

在培养孩子的成长过程中，父母应重视培养孩子的独立思考能力。孤独并非一味的寂寞，而是一种内心强大的独处能力。孩子在孤独中学会思考，独立思考能力是他们成长中重要的一环。因此，父母应当为孩子提供足够的自主空间，鼓励孩子独立思考，帮助他们形成独立的人生观和价值观，这样的培养方式将使孩子在面对人生挑战时更加游刃有余。

引导孩子在面对困难和挑战时要勇敢面对，并找到解决问题的方法。这样的教育方式将使孩子养成坚韧不拔的品质和独立解决问题的能力。

　　父母在教育孩子时应建立平等的沟通和互动关系。尊重孩子，理解孩子，倾听孩子的想法和感受，是构建良好亲子关系的基石。父母需要给予孩子信任和自由，了解孩子的需求和内心的声音。在遇到问题和困惑时，父母应当耐心倾听，关心关爱孩子，并给予适当的指导。这样的教养方式将使孩子树立尊重和理解他人的态度，促进其自尊心和自信心的成长。

　　成功与失败是成长过程中不可或缺的一部分。父母应当教育孩子正确面对失败，平和对待成功。面对失败，父母要给予孩子理解和鼓励，引导他们从失败中总结经验，吸取教训，坚定自信，勇敢地再次出发。同时，对于成功，父母也要引导孩子保持谦逊，不忘初心，勤奋向上。这样的培养方式将使孩子树立正确的人生观，培养自强的品格，不畏失败，不骄不躁。

　　在培养孩子的过程中，信念和坚韧是非常重要的品质。父母需要给予孩子正面的引导和榜样，教育他们树立正确的信念、坚定的意志和不屈不挠的精神。在面对挑战和困难时，孩子需要坚定的信念，持之以恒，不断前行。父母要在孩子成长过程中树立正确的人生观和价值观，引领他们勇敢迎接生活中的挑战，培养出坚韧和不屈不挠的品质，让他们成为勇往直前的自强之子。

　　这不仅仅是一种个人修养，更是一种社会责任。在家庭中，男儿应当承担起家庭的支柱责任，在社会中，他们更应发挥出积极的作用。通过自己的不懈努力，为社会贡献出自己的一份力量，这才是真正体现男儿当自强的价值所在。

在当代社会，男儿当自强所蕴含的内涵已不再局限于单一的实体力量，更包括精神力量。他们需要承担起更多的责任，不仅是对自己，更是对家庭、社会以及整个国家。坚韧、正直、谦虚、自律、包容，这些美德的彰显成就了当代男儿当自强的内核意义。在时代的变迁中，男儿当自强的内在精神与外在形象都在不断焕发着新的光芒。

错误做法：

❌ 对孩子无底线地纵容。

❌ 养育孩子的过程中过于娇惯孩子。

❌ 总是替孩子拿主意。

❌ 不给孩子受挫折的机会。

❌ 对孩子残暴的行为不予制止。

如今，随着人们生活水平的不断提高，许多孩子基本上与"苦日子"无缘，似乎在孩子的眼中，生活就是现在的样子，不曾考虑现在的幸福生活来之不易。

不容置辩，作为孩子，无论是从生理角度，还是从社会角度，都决定了他们要自强，成为国之脊梁。"天行健，君子以自强不息"更是流传至今依旧被推崇的一句名言。自古以来，无论哪个时代的父母，都想把孩子培养成自立自强的人。

林则徐曾说过，"子孙若如我，留钱做什么？贤而多财，则损其志；子孙不如我，留钱做什么？愚而多财，益增其过。"意思是，子孙如果像我一样有才能，我就没必要留钱给他，贤能却拥有太多钱财，会消磨他的斗志；子孙如果是平庸之辈，我也没必要留钱给他，愚钝却拥有太多钱财，会增加他的过失。

殊不知，金钱是把双刃剑。可怜天下父母心，父母一味地付出物质和金钱，在让子女轻松的同时，也在慢慢伤害他们，有可能使孩子丧失基本的人生观、价值观，甚至梦想不劳而获。

怎样培养孩子成为"顶天立地"的人，成为困扰许多家长的问题。作为父母，我们不能对孩子"有求必应"，要让孩子懂得"自己想要什么，就应该努力去争取"，让孩子拥有进取精神，懂得自强不息，想达成夙愿，就要先学会付出。

我们要培养孩子拥有积极向上的责任心、进取心、思维能力、合作能力、决断能力、竞争能力、适应能力，这都是男孩成就未来人生必不可缺少的资本。

正确做法：

- 给孩子决策的空间，让孩子对自己的事做选择。
- 给孩子正面的肯定，让孩子在失败中也不气馁。
- 给孩子自强、独立的机会。
- 让孩子融入集体。
- 抓住孩子最佳年龄段，进行有效管理。

乐观、积极的性格是大家都喜爱的

小雪今年高二了，学校召开亲子运动会。在做"亲子换位"的游戏中发生了意想不到的事情。

在角色互换中，小雪作为"家长"，她大声呵斥着饰演"孩子"的妈妈，指责"孩子"的不懂事、诉说"自己"的辛苦、"爱人"的不负责任等。她越演越投入，全场只有她的声音，而在一旁饰演"孩子"的妈妈也沉默了。听着听着，她泪流满面，似乎想说些什么，可张开的嘴又闭上了。小雪发泄了一会儿情绪还是没有缓解，最后学校的心理老师走到台上安抚着激动的小雪，这场风波才算平息。

随后，班主任老师找到了小雪的妈妈，和孩子妈妈了解了孩子在家里的情况并且把小雪在学校表现出的消极、孤僻、偏激等情况告知家长。小雪的妈妈陷入了深深的沉思。她说其实孩子在小的时候很乐观，因为自己与爱人的错误教育才使孩子的性格变成这样。小时候孩子有了坏习惯，她就会絮絮叨叨地说孩子，还会把生活中的不如意怪罪到孩子身上。孩子爸爸见孩子不听话，就会发火，轻则骂，重则打，从来不考虑孩子的感受。这导致孩子的脾气越来越暴躁，多疑、叛逆、推脱、对别人有敌意，即使是自己错了也不承认。

小雪情绪非常激动，在学校正常的角色互换游戏环节表现出了愤怒，这可能是控制力薄弱而导致了情绪激动。但归根结底是家庭环境不良导致小雪无法得到足够的爱和关怀，再加上长时间的压抑无法发泄，导致孩子的性格扭曲，看待事物消极。

通过老师的交流和反馈，小雪的父母应该认真分析孩子的具体情况，弄清楚引发小雪性格中出现缺陷的真正原因，采取科学有效的方法，帮助孩子找回快乐，使孩子拥有乐观的心态，让孩子形成积极、乐观、健康的性格。

错误做法：

❌ 对孩子过度地管束和限制。

❌ 忽视孩子的感受和需求。

❌ 父母负面情绪过多。

❌ 总和孩子陈述内心的苦闷。

❌ 孩子表现出负面情绪，家长"针锋相对"。

❌ 过度打骂、溺爱孩子。

❌ 控制不住自己的冲动行为。

❌ 不理解孩子的精力旺盛、活泼好动。

❌ 限制孩子自由发挥。

生活中，大家都喜欢阳光开朗、充满自信的孩子，作为家长，我们自然也想把孩子培养成阳光开朗的人。乐观、积极、开朗的孩子可以快速适应环境，与他人和谐相处，感受生活中积极的一面。

父母的性格对孩子具有重要的作用，处事态度、语言阐述，都会对孩子产生莫大的影响。如果父母性格开朗、乐观向上，就很容易营造愉快、温暖的家庭气氛，让孩子感受到轻松和快乐。当孩子心情不好、情绪压抑时，会找父母寻求安慰。这时，父母以怎样的态度和孩子沟通、以怎样的方式开导孩子，会直接影响孩子性格的发展。

在孩子成长的过程中，会有许多的事情。当孩子遇到困难，感到心绪烦躁、情绪低落的时候，家长要鼓励孩子，以乐观的心态面对各种各样的问题，迎难而上，积极挑战，感受其中的快乐。

发现孩子情感波动时，我们要与孩子进行情感交流，鼓励孩子说出内心的真实想法。同时，与孩子分享自己或他人的经验，以此来引导和鼓励孩子在努力、自信中成长。

支持孩子参与课余活动，不要固执地认为学好文化课才是最为关键的，培养孩子的艺术细胞、社交能力同样重要。这样，孩子可以通过多种方式方法来解决问题、释放压力。

正确做法：

- 学会欣赏和肯定自己。

- 培养孩子的幽默感，让孩子能够开怀大笑一场。

- 不要对孩子控制过严。

- 培养孩子的兴趣爱好。

- 鼓励孩子多交朋友。

- 创建快乐的家庭气氛。

提升"受欢迎度"

　　小超最近回到家总是在偷偷哭，妈妈做了他最爱吃的饭菜，他也没兴致；爸爸为了哄他开心，说带他看电影，他也提不起兴致。爸爸妈妈实在担心孩子，从孩子那里得不出答案，他们便向孩子的同学了解情况。

　　了解过后才知道，儿子在班级不受欢迎，小朋友们都排挤他。小超的同学说，小超在学校总喜欢打小朋友的报告。小朋友们知道这件事后，就不想再搭理他了。大家一同玩的时候，只要小超过去，他们就会自动散开，班级组织小组活动，也没人愿意和他一组。

　　得知消息的小超家长很是心疼孩子，自己平日在家里都舍不得说孩子，孩子如今在学校受了这么大的委屈。他们决定要到学校去找老师，让老师出面帮助孩子解决问题；如果还是不行，他们就要找那些冷落孩子的小朋友。

　　小超大概是想从老师那里获得好感，也或许是比较好事儿，喜欢向老师打小报告，却没有想到他的举动暴露了小朋友的秘密，小朋友因为他的举动而受到了批评。这种做法自然会引来孩子们的不满。

小超的父母爱子心切，大家都可以理解，他们去学校询问孩子出现的问题也是没问题的。可是当知道孩子出现问题的原因后，第一时间不想着如何解决问题，却只想着找外因，没有想着从自身找原因，真正地解决问题。

父母应该教导孩子，要善于发现别人身上的优点，要学习别人身上的长处。对于自己，也要时常反省，积极发现自身的缺点，并加以改正。

还应该告诉孩子，在与小朋友相处时，要学会包容和帮助，而不是揪着他人的缺点、问题，不顾他人的感受向老师"打小报告"。

错误做法：

❌ 过度关注孩子的成绩，忽视对孩子的品德教育。

❌ 让孩子别多管闲事，阻止孩子的爱心传递。

❌ 当发现孩子与身边的人格格不入，认为这不是自己家孩子的错误。

❌ 在别人遇到事情时嘲笑别人。

❌ 不愿意跟别人分享。

❌ 不遵守承诺，答应孩子的事情不兑现。

❌ 过度批评孩子，迫使孩子否认自身价值。

❌ 忽略孩子的情绪。

想让孩子变成受欢迎的人，不受他人排挤、讨厌，家长应该负起责任。孩子们的良好人际关系大都是从家庭开始的。父母的言行时刻影响着孩子，孩子会通过观察和模仿父母的行为与人相处。

家长不能只是告诉孩子，助人为乐、与人分享、积极向上等是一个人受他人欢迎应具有的良好行为习惯，而是应该从自己的实际行动中教会孩子如何去做。例如，我们可以为孩子创设打招呼和与人交往的条件，在平日里见到认识的人，我们主动进行问好，鼓励孩子进行礼貌式问好；见到同龄小朋友，也可以尝试让孩子主动问好、互动、玩耍，以此提高孩子的人际交往能力。

孩子不知道怎样与他人互动，家长可以尝试开展小型家庭互动游戏，针对孩子不懂的问题进行模拟，让孩子对其不陌生并且产生兴趣。

当孩子出现不良行为习惯时，要帮助孩子及时改正。如果孩子表现自私，只喜欢索取，而不喜欢分享，家长要和孩子讲明道理，凡事都是需要平等的，当你收到了他人的"送与"，自己也要"回礼"，正如老话所说的"礼尚往来"。一个人不能一味地索取，而不愿意付出分毫，那样最终只能让自己的路越走越窄。

　　任何事物都是"尺有所短，寸有所长"，取长补短，自己才会更优秀。懂得欣赏别人的优点，是尊重他人的一种表现，同时也是在勉励自己。可以建议孩子设立"取长补短"的学习目标，让他朝着目标方向努力。

正确做法：

✅ 纠正孩子交往中的不当行为。

✅ 鼓励孩子邀请小朋友玩。

✅ 尊重孩子的个性交往。

✅ 告诉孩子朋友不分贫富贵贱。

✅ 告诉孩子不能为了"融入"而一味地委屈自己。

第七章　　手足篇

　　手足情是兄弟姐妹之间的情感联系，是家庭教育不可或缺的一部分。充分理解和感受手足情的价值，对孩子的成长有着深远的影响。手足情不仅能够培养孩子的责任感和关爱他人的能力，还能在日后的成长过程中为他们建立良好的人际关系打下基础。

法则 47 最亲的人除了父母，还有他

张女士和爱人都是独生子女。她和爱人步入婚姻殿堂后，很快就孕育一子。转眼间十几年过去了，赶上国家的二孩政策，他们深知独生子女的孤独，二人商量着备孕二胎。天如人愿，张女士终于怀上了二胎，他们沉浸在这份快乐中，并把这份喜悦告知了正在读初中的儿子。

谁知儿子听到这个消息后，没有预想的喜悦，反倒暴怒起来。儿子怒气冲冲地说："我不要，我只喜欢自己，为什么还要兄弟姐妹？"他们很是不解，按照儿子的理论，难道给他一个在这个世界上除了父母以外与他最亲的人错了吗？

一场风波并没有过去，张女士的儿子越发地叛逆，他抵触这份血缘，不明白爸爸妈妈为什么非要做这个决定。他们已经有自己了，等自己长大了，就对他们好，为什么还非得多养一个孩子，真是不理解爸爸妈妈的做法。

张女士的儿子对爸爸妈妈想要二胎的这个问题十分不解，十几年的时光，他都独享着爸爸妈妈的爱，多了一个孩子，那是不是就意味着会分走自己的爱？身边的同学大多数是独生子女，会不会笑话自己？他并不懂得爸爸妈妈的良苦用心。

张女士夫妇应该和孩子好好谈一下，和孩子说明为什么想要二胎，打消孩子的顾虑。告诉他，有了弟弟或者妹妹，不但不会夺走他的爱，反倒会增加一份爱；有了手足，他自己也不会孤单，在未来还会有人同他一起照顾爸爸妈妈。

错误做法：

◎ 父母没有提前让大宝做好心理准备。

◎ 出现冲突，告诉大宝要让着二宝。

◎ 转移重心到二宝上。

◎ 没有给到孩子足够的安全感。

◎ 发现问题，没有及时疏导。

◎ 对于孩子吃醋的表现，当作笑话。

这个世界上除了自己的父母，谁是你最亲的人呢？他就是和你住过相同的房间，和你继承同样的基因，和你流着相同的血，和你的长相相似，儿时一同玩耍，长大了一同努力的人，他（她）是谁？他（她）就是我们的兄弟姐妹。

在社会经济发展和生活压力如此大的环境下，很多父母依旧选择生二胎、三胎，就是想让自己的孩子有个伴儿。

孩子们在一同生活的过程中，难免会有磕磕碰碰。当孩子们有了争执找父母来解决时，父母不要在孩子之间进行对比。需要从根源处解决问题。例如，先让孩子发泄，说出内心中的郁结，再同孩子分析出现问题的原因。如果问题真的很严重，不得不惩罚孩子时，要把孩子带到另一个房间进行惩罚。

要增进孩子们之间的情感。家长在日常生活中，要找到孩子们相互可以为对方做的事儿。例如，姐姐帮妹妹叠被子；弟弟买玩具时先想着给哥哥买什么；妹妹不吃饭，要等着哥哥回家一起吃；等等。父母有意加固孩子们之间的情感，有时间就和孩子们回顾这些幸福时光，让孩子们知道他们之间是相互需要的。

家长在孩子们之间要尽量做到不偏私任何一方。孩子是自己的心头肉，不应因为谁更讨喜、谁更弱小就去偏向某一方。这样在兄弟姐妹的心里就不会存在"有失公允"的问题，孩子们也不会相互怨恨。

正确做法：

- 不要拿孩子互相比较。
- 对孩子要公平。
- 鼓励孩子之间相互帮助。
- 出现矛盾，鼓励他们自己解决矛盾。
- 让孩子之间互相陪伴。
- 了解孩子的天赋。

父母要平等对待子女

　　杨慧家有两个孩子，一个男孩，一个女孩。他们对男孩格外偏心，嘴里也总挂着"儿子是家中的顶梁柱，女儿是早晚要出嫁的"。

　　买东西时一定是儿子的最贵，想要什么他们都会尽可能地满足他，到了女儿这里就换了一种想法，能过得去就行，一个女孩子何必用那么贵的。两个孩子闹矛盾了，他们也会把爱的天平倾向于儿子，觉得一定是姐姐不让着弟弟，殊不知大多数是弟弟依仗着爸爸妈妈对自己的疼爱就肆意妄为地欺负姐姐。家里有活从不舍得让儿子干，他们总会说："好男儿志在四方，怎么能做家里的琐事呢？"名正言顺地让女儿干活，还觉得这是女孩本应该做的，勤于家务的女孩才会讨人喜欢。

　　一次又一次的伤害，在女儿心中如同刀割一般，女儿以为自己多干一点儿，就能得到爸爸妈妈的喜爱。可是每次都让她失望，她只想快点儿长大，脱离这个让她充满伤害的家。

可以看出，杨慧夫妇在对待孩子上有着明显的区别对待，他们的思想保守，认为男孩才是自己家的人，女孩早晚会嫁出去；纵容男孩，严苛女孩。他们的做法对女儿的心灵造成了严重的伤害，心中埋下了苦根。

无论男孩还是女孩，父母都应该对他们持有相同的态度。父母对待子女要做到一视同仁，这样才不会给孩子脆弱的内心造成伤害。

错误做法：

❌ 对男孩的期望更高。

❌ 小事男女平等，大事重男轻女。

❌ 嘴上说男孩女孩一样，行动上更爱男孩。

❌ 物质上分配不均，儿多女少。

教育子女需要"男女有别"，说的是在男孩和女孩的成长过程中，心理、生理上是有一定差异性的，家长要抓住这些差异进行针对性教育，教育出优秀健康的好孩子。作为父母，我们应该认识到每个孩子都是独一无二的，都应该被尊重，而不应该有性别偏见。

偏爱男孩，就一定会让孩子成才吗？答案是否定的。被家人无条件地宠溺的孩子，大多会养尊处优，无竞争意识，嚣张跋扈，以自我为中心，初入社会就变得无能，只会"家里横"，衣来伸手，饭来张口，对父母也不一定会孝顺，待父母醒悟时已太晚。

对于不被重视的女孩，在成长过程中，如果她的自制力强一点儿，就可以自己闯出一片天，一旦自制力薄弱，就会受很大的打击，孩子很有可能厌世、抑郁、轻生。

事实上，无论是男孩还是女孩，都是家庭中的成员，他们都会承担起家庭的责任。父母要正视对孩子的态度，可以从身体和心理的差异性方面去教育孩子，而不应该因为偏爱哪一方而进行特殊关照。只有平等对待子女，才会使家庭生活更和谐、更幸福。

正确做法：

- 心态平和，儿女都是自己的孩子。
- 对儿女做到一视同仁。
- 只对事而不对人。
- 物质上做到一致。
- 教育孩子按性别（对立）对待是错误的。
- 父母之间做到男女平等。

纷争来了，父母要一视同仁

小韩家有三个女孩，大女儿14岁，双胞胎二女儿和小女儿11岁。孩子多了，纷争在所难免。今天姐妹三人吵得面红耳赤，谁都不肯相让。爸爸实在看不下去了，用力地拍了一下桌子，这才算安静下来。这时爸爸开始问明原因。

大女儿哭着说："我喜欢钢琴，之前爸爸妈妈也同意，以后给我买。"爸爸听后点头说："是有这回事儿。"但两个双胞胎女儿不同意了，反驳说："凭什么姐姐说买什么就买什么，我们也喜欢乐器，既然给姐姐买钢琴，那我们也要买吉他。"

爸爸听后不知道该怎么回答，以现在的经济条件，勉强能给大女儿买一架钢琴，再多出两把吉他，那就是捉襟见肘。他想试图商量让两个小女儿等先给姐姐买完以后经济条件宽裕些再给她们买，可是又怕伤害到她们两个；不给大女儿买，已经事先答应孩子了，不买就是不守承诺。突然之间他被这件事难住了。

三个孩子因为买乐器而起了纷争。孩子们都互不相让，大女儿觉得这是爸爸妈妈事先就已经答应自己的，所以应该买；两个小女儿觉得姐姐都有了，自己也是爸爸妈妈的女儿，所以也要给自己买。小韩见到孩子们起纷争，问明原因后，没有偏于任何一方，这个做法是很好的。作为父母，我们不应该偏心。

关于给孩子买乐器的事儿，要依据家庭实际情况，做不到，也不能勉强，这也不是生活必需品。对于两个小女儿的要求，家长是可以说明的，一是答应姐姐在先，二是现在家庭条件确实不允许。她们现阶段还有许多地方需要花钱，以后在条件允许的情况下，爸爸也会给她们买她们喜欢的吉他。并且家长要和孩子们表明，自己对他们是一视同仁，没有偏向于任何一方，而且承诺她们的事情也会一定做到。

错误做法：

- ❌ 被孩子牵着走。
- ❌ 无原则地听从。
- ❌ 专横霸道地对待孩子。
- ❌ 孩子们有纷争，向着弱小的一方。
- ❌ 强迫孩子道歉。
- ❌ 引导孩子解决问题。

对于一个多子女的家庭，孩子之间出现争议、吵闹、争宠，都是常见不过的了。作为"家庭裁判官"的父母，经常会被请到现场，纵然"清官难断家务事"，作为父母，怎么会不知道平衡孩子之间的关系，可是真正做到一碗水端平太难了。父母在"断案"过程中，其表情、语言都可能被孩子误读。当然也不排除因为某个原因而偏爱于某个孩子。

如果真的是偏爱哪一个子女，那么，被偏爱的孩子很有可能恃宠而骄、嚣张跋扈、自私自利，缺少对兄弟姐妹的尊重。相反，被冷落的子女内心会压抑，身心会倍受折磨，性格会变得偏激、自卑、脾气暴躁。父母的偏心会引起经常被冷落或者被责骂的孩子心里的怨恨，与被宠的孩子会暗自较劲，就因为父母的这一番举措，使孩子们变得不团结，相互讨厌，情感越走越远。

公平的父母会给孩子树立榜样，在孩子心中留下公平的印象，这有利于对孩子的教育。

正确做法：

- 秉持公平、公正态度。
- 不可以偏袒任何一个子女。
- 控制情绪，再耐心引导孩子。
- 对孩子正确的行为，给予肯定和鼓励。
- 让孩子们学会解决问题。

手足相伴

徐宁妈妈："宝贝，你和哥哥在家里要乖哦！别动危险物品，不许和哥哥捣乱……"

大儿子："停，妈妈不要说啦！妹妹交给我，您还不放心呀！我可是陪伴小助手，哈哈！"

还没等妈妈说完，话就被儿子打断了。徐宁看着孩子们这么懂事，开心地笑了。回想起自己想要二胎时的纠结，那时候特别担忧，担忧二宝出生后，大宝会觉得自己的爱被分走了。和大宝商量想让他未来有个伴儿，同时也可以减轻养老的压力等，老大还不是特别情愿，甚至还哭了一场，偷偷在日记里写着，"我才不喜欢有个伴儿，自己一个人多好"。

妈妈不想和孩子正面冲突，还特意写了一封信，和孩子说明为什么想再要一个宝宝。当自己的肚子渐渐隆起，做事情不方便时，大宝总是很关怀妈妈，再到二宝出生，大宝就更心疼妈妈了。他说："妈妈，您真伟大。"

二宝的来临，没有带来预想中的"鸡飞狗跳"，反而使这个家更加充满爱。哥哥成了"宠妹狂魔＋守护天使＋二宝起名者"，爸爸妈妈努力工作养育儿女，简直幸福得让人嫉妒。

国家政策开放，允许且提倡家庭孕育二胎、三胎，这是很多家庭的福音。徐宁夫妇在和大宝沟通中说明了自己想孕育二宝的原因。在和孩子初步沟通后没有显著的效果时，妈妈以书信的形式与孩子沟通，减少了与孩子的正面冲突。在孕育二宝的过程中，也让大宝参与进来，看到妈妈孕育宝宝的付出，知道自己的生命来之不易，更了解到妈妈想给自己添个伴儿的良苦用心。在参与过程中大宝转变了思想，妹妹出生后，大宝对她更是关爱有加，兄妹二人在成长中互为陪伴。

错误做法：

❌ 家长过度干涉。

❌ 偏袒其中一方。

❌ 家长做裁判，剥夺孩子解决问题的机会。

❌ 漠视或轻视孩子之间的矛盾。

❌ 不给孩子创造协商的氛围。

❌ 没有教会孩子包容。

独生子女的照顾与陪伴，成了当下父母极为艰巨的任务，他们既要承担起父母的责任，也要饰演孩子的伙伴对其进行陪伴。

一人多角色，不但要饰演，还要饰演得好才行。如果再多一个或者多几个孩子，父母是不是可以卸下某个角色呢？答案是肯定的。这样，父母从此只需要专心履行父母的职责，把陪伴、友人、玩伴、守护者的角色分给孩子们去担任，既减轻了自身的压力，又可以培养孩子们的责任感。

当然，这不是说父母就可以"一推了之"，也不是说父母就不能参与，父母可以起到助推的作用，让兄弟姐妹在互为陪伴的同时多了一份甜蜜。

孩子们一同成长，也会伴随着一些事情的发生，除了大事件、原则性问题上父母要参与决策，小事完全可以交给孩子们自行处理，这既能提升孩子们解决问题的能力，还能增加孩子们之间的凝聚力。

正确做法：

- 鼓励孩子们相互帮助。
- 孩子之间发生矛盾，尽量让孩子自己进行解决。
- 让孩子之间互为陪伴。
- 找出孩子们的优势，互为勉励。
- 多组织家庭活动，创造氛围。
- 尽量避免纷争。
- 引导孩子均分父母给到的奖励。
- 以身作则，教会孩子互相谦让。

拒绝"小儿娇""大儿让"

　　筱筱生长在一个小家庭里，他是家中的大儿子，已经15岁了，而他的弟弟则年纪小得多，只有9岁。两兄弟之间的感情非常好，哥哥十分宠溺弟弟。在这个家庭中总是以小弟弟为中心，无论是在玩耍、学习还是日常生活中，大家都对小弟弟呵护备至。兄弟俩的性格也有着明显的对比，大哥哥成熟懂事，小弟弟则显得顽皮可爱，爱撒娇。不知从何时起，哥哥更多地扮演起了照顾弟弟的角色。

　　在一次小区玩耍中，弟弟不慎摔倒，开始大哭，而哥哥则紧张地担心弟弟的情况。尽管摔倒并非哥哥的责任，但他一直责备自己没有及时发现弟弟的危险。弟弟因为痛，就发起了脾气，一下又一下地打在哥哥身上，即使这样筱筱也默不作声。旁边的邻居看不下去了，对弟弟说："你自己摔倒，与你哥哥有什么关系，哥哥让着你是他懂事，但是你不但不领情还变本加厉，真是太过分了。"循声而来的父母赶过来，第一句话就是都怪我们三个人，没照顾好你。

很明显，筱筱一家对最小的孩子格外呵护，即使作为哥哥的筱筱都觉得弟弟摔伤是因为自己没照顾好。弟弟已经9岁了，他完全可以在玩耍中照顾自己。可他在自己摔伤后还肆意地发脾气，赶过来的父母非但没有认识到这是在教育中出现的偏差，还一味地觉得是大人们没照顾好这个最小的孩子。

筱筱的内心是痛苦的，他认为爸爸妈妈偏心。同样是他们的孩子，可是因为弟弟小，会撒娇，会哭闹，就可以得到爸爸妈妈的怜爱。只要他们出现问题，爸爸妈妈不分青红皂白就指责自己。这份痛就这样留在了心里，他甚至都希望没有这个弟弟。

筱乙的父母并没有认识到自身的错误，同为自己的儿女，不应该谁更小，谁更会撒娇，就偏向于谁。这样不但不能解决他们之间的矛盾，反而会增加矛盾，破坏孩子之间的关系，引发孩子之间的怨恨。作为父母，我们一定要做到公平。

错误做法：

❌ 认为孩子小，应该多给他（她）一点儿爱。

❌ 总是给大孩子做"弟弟妹妹还小"的心理暗示。

❌ 孩子犯错，避重就轻，罚大不罚小。

❌ 围着小宝转，忽视大宝。

良好的家风不仅应该注重照顾孩子的需求，更要培养他们的独立意识和责任感。而在这个家庭中，父母对小弟弟的溺爱却在某种程度上阻碍了两兄弟之间的正常交流与成长。

在一个家庭中，父母对小孩子的重点呵护，不仅影响了小孩子的成长，也使得兄弟姐妹之间的关系显得不够平衡。

对于儿童成长中的家风问题，我们需要反思和思考。家庭教育的方式对孩子的成长影响重大，在多子女的家庭中，父母需要在关爱子女的同时，给予孩子正确的引导，让他们在成长过程中不仅能够学会承担责任和独立思考，还要懂得人人平等。

正确做法：

- 让孩子知道分享的前提是开心。
- 父母不要着急介入孩子的问题。
- 教会孩子如何去"爱"。
- 不要让孩子委屈自己去做事。
- 对孩子进行积极的引导。
- 为孩子们制定平等原则。
- 教会孩子何为"边界感"。
- 教会孩子懂得谦让是一种美德。

第八章

校园篇

在孩子进入校园后，他们面临着来自学业、人际关系、自我管理等方面的各种挑战。这些挑战可能会给孩子造成压力和困惑，因此，家长需要深入了解这些挑战，以便更好地为孩子提供支持和帮助。

家长要培养他们独立思考和解决问题的能力，让他们学会自我管理，逐渐成为能够自主应对各种情境的个体。

学校是一个大家庭

出于想让每个小朋友都能得到锻炼，幼儿园老师选择让小朋友们轮流做护旗手和主持人。老师按照点名册选出了两个主持人和六个护旗手。又到了每周一次的升旗仪式了，小朋友们都踊跃参加。升旗仪式很愉快地结束了，老师把视频发到了班级群里。

当晚，幼儿园园长就接到了家长的投诉，说老师不重视自己家的孩子。当园长向家长解释了情况后，家长的情绪还是很激动。

园长跟孩子的老师说了一些家长的诉求后，老师也很委屈，她说自己没有偏心，为了让大家知道这是公平公正的选择，老师特意拿出点名册让园长看，自己完全是按照孩子们入学的学号进行选择的。这样安排能够让每一个孩子都有机会，如果给这个家庭孩子开了绿灯，那么对其他家庭的孩子是不是不公平呢？

孩子的妈妈向学校投诉的原因很简单，就是认为学校老师没有完全顾及自己家孩子的感受，凡事没有为自己家孩子考虑。即使园长和老师已经表明是以公平公正的形式选择的结果，家长依然感到不满。

孩子妈妈的行为属于极度自私，没有问清楚事情缘由就武断地对老师进行投诉。当得知了事情的缘由后，又觉得是老师不照顾自己家孩子。她只想到自己小家的利益，没有想到幼儿园是一个整体。老师要按照规矩，公平公正地去做事，才会不失公允，才能让孩子们良性竞争，同时也才会不失师德。

错误做法：

❌ 不以大局为重。

❌ 让老师为自己家孩子开绿灯。

❌ 怂恿孩子在学校当霸王。

❌ 孩子出现问题，一再地包庇。

❌ 与园方或校方沟通不能很好地控制自己的情绪。

学校是一个由多个家庭的孩子组合在一起的大家庭，每个家庭对学校的决策或多或少地认同与不认同。换言之，如果学校定下的规章制度都得依据每一个家庭的意愿来整合，估计学校的规章制度永远不可能统一。当然，当建议合理化，规章制度也会随之而改变，使其更加合理化。例如，季节更替时，孩子上下学的时间；国家提倡减负，孩子的作业需要减少；增加艺术课程、体能训练；中午孩子们需要午休；等等。

当出现一些不平等的待遇时，家长完全可以为孩子出面解决问题。只是在解决问题的时候，父母要保持冷静，问明事情缘由，理性分析问题和孩子出现问题的原因。在没有涉及伤害和原则性问题时，可以尝试理解老师的工作和孩子们成长的过程，在宽容与包容的基础上解决问题。不要觉得凭什么叫我选择宽容，试问谁的人生不会犯错？毕竟给人留有余地，也是给自己留一条路。

学校和老师都在日益精进，最大可能地帮助家长和孩子们达成夙愿，但是这个大家庭拥有属于自己的统一管理制度和教学体系，孩子们在学校一天，就应该遵守学校的规章制度。

正确做法：

◉ 面对孩子在学校发生的事情，父母要控制自己的情绪。

◉ 父母多引导老师注意孩子好的一面。

◉ 理性分析，为什么问题出现在自己家孩子身上。

◉ 教育孩子要遵守园规或校规。

◉ 告诉孩子要约束好自己的行为。

◉ 教会孩子在受到不平等待遇时要和家长沟通。

在学校要做什么

暑假结束了，心悦整日闷闷不乐的，整张脸上都写着"我很苦恼"。不用说妈妈也知道，这是女儿抗拒上学的表现。心悦从上学那天起，就一直抗拒，先是哭哭啼啼了好久，后来虽然不哭了，但是也对上学没什么兴趣，她最开心的时候就是节假日。

班主任老师为此也做了很多的努力，劝了孩子好久，爸爸妈妈也很焦虑，他们轮番上阵劝解孩子，可还是打不开孩子的心结。

一位学心理学的朋友来家里做客，心悦的妈妈和他聊了聊孩子的情况，他给出的建议是，不要总围绕孩子的学习成绩，还要注意孩子的心理问题，找出真正原因才能解决问题。待客人走后，心悦的妈妈仔细思考了一番，她觉得朋友说的话十分有道理。于是她便耐心地问女儿，到底是因为什么不想去上学。

孩子边哭边说："我跟不上学校讲课的进度，大家获得了很多证书，就我一个都没得到，评选班干部的时候，我想做可是又没发现自己的优点。"心悦说出了心里话，这回妈妈才找到了心悦不想上学的真正原因。

心悦不想上学是因为心中藏着秘密，对于在学校的生活她有点儿不适应。在见到大家都很优秀而自己又跟不上步伐时，心悦心里很着急，想当班干部又觉得自己做不好。一个又一个的问题出现，她不知道应该如何解决，就造成了厌学的状态。

上小学不比幼儿园，这是孩子人生初次步入"实战演练场"，这里没有幼儿园时的无忧无虑，是要凭借自己的努力才能获取自己想要的。对于心悦所说的问题，妈妈应该正确引导孩子一一进行解决，教会孩子要对自己有正确的认知，做不到的不用逞强；给自己点儿压力是正确的，可是过度的压力只能把自己压垮，让人心态崩塌。

错误做法：

⊗ 家庭环境不良，影响孩子状态。

⊗ 父母对孩子期望值过高。

⊗ 孩子成绩不理想，家长除了指责还是指责。

⊗ 每天和孩子讲大道理。

⊗ 认为小孩子没有压力，没理由不学习好。

⊗ 从不站在孩子的角度思考。

⊗ 没有为孩子合理规划时间。

义务教育是根据法律规定，所有适龄儿童、少年必须接受的教育。义务教育又称强迫教育和免费义务教育，其实质是国家依照法律的规定对适龄儿童和青少年实施的一定年限的强迫教育的制度。义务教育是每个孩子成长中必经的一段时日，也是孩子们走向独立的标志，更是孩子经历挫折、走向蜕变的开始，这里有快乐、有竞争、有压力、有力争上游的勇气、有磨练意志力的机会。当孩子有厌学情绪时，作为家长，我们不能选择让孩子独自面对，可以给孩子做有效的心理疏导。

要告诉孩子，人与人之间一定存在差异性，正所谓"千人千面，百人百姓"。孩子见到优秀的人，自己也想变成优秀的人，这是很好的想法，说明孩子也十分上进。可是当自己"努力还是赶不上他人的时候"，自己又会陷入极度烦恼中，作为家长，我们要让孩子正确认识自己。首先要明确，现阶段的自己能做到什么，准确定位后应该去挑战什么。在重新规划后，孩子就会对自己重新认知、重新定位，从而积聚力量、梳理目标，迎接新的挑战。

孩子很小，并没有什么太强的自制力，所以经常会出现上课时开小差，趁老师不注意悄悄说话、睡觉……在家里时，趁爸爸妈妈不注意偷偷溜出去玩，看电视没完没了，一写作业不是饿了渴了，就是去卫生间等。作为家长，根据老师反映的情况，再结合孩子在家里的表现，顿时感到气愤无比。其实作为家长，我们要帮助孩子学会自我管控、学会自律。

这并非一朝一夕就能解决的问题，要在平日里养成自律的好习惯，在学校也要懂得自律。家长还要告诉孩子，上学了面对失败也是常有的事儿，不要因为一次的失败就灰心丧气，只要做到尽了最大的努力，就无悔；要保持阳光心态，笑着去面对所遇见的人、所发生的事儿；要自信而不是自负；等等。

正确做法：

- 培养孩子的规则意识和任务意识。
- 在孩子上学前带孩子到学校门口，共同展望美好的未来。
- 提前模拟学校情况，预设问题及其解决办法。
- 给孩子营造良好的学习环境。
- 教会孩子如何与人交往。
- 告诉孩子"胜败乃兵家常事"，只要用心就好。
- 帮助孩子树立时间观念。
- 教会孩子尊敬师长，关爱同学。

孩子的利益需要去维护

放学了，赵琦去接女儿小雅，等了半天也不见孩子出来，这可把她急坏了。后来在停车场中找到了孩子，发现孩子在哭，一瞬间，赵琦的脑中就想出来很多不好的画面。她急忙把女儿拉过来抱在怀中，轻轻地拍着孩子的背，待孩子情绪稳定一点儿后，抱着孩子就坐车回家了。

回到家，赵琦温和地和孩子聊着天。孩子告诉妈妈，刚才放学的时候，班级里调皮的男孩子大声喊她"小肥妞"，她觉得太没面子了。原来只是在班级里，今天竟然在停车场里那么叫，好多同学都听到了，大家都在笑她。见她被气哭了，他们才离开。她请求妈妈给她请几天假，赵琦选择尊重孩子的想法。

听了女儿的陈述，赵琦陷入了沉思。她深知，绰号对于一个女孩子来说，会带来莫大的伤害。在大庭广众之下被人嘲笑，孩子内心所受到的伤害很难治愈。一旦引起孩子的恐惧、厌学，就更糟糕了。她决定教孩子正确地表达自己的感受。

小雅在学校被调皮的孩子取了外号，甚至有人在她背后指指点点，她为此感到非常丢人，难过地哭了。

小雅的妈妈见到女儿一个人哭泣，很理智地选择先保护孩子，而不是当场一味地追问孩子；待孩子情绪稳定后，和孩子以谈心的形式问明了原因；在孩子提出要请几天假时，她尊重孩子的选择，因为孩子受到了伤害，也需要时间疗伤。她还决定教孩子如何表达自己的感受。可见，赵琦在对待孩子的这件事上选择了理智对待，这种做法是减少对孩子造成伤害的最有效做法。

错误做法：

❌ 孩子受到伤害，家长不管不顾"冲上去"。

❌ 不问明原因，直接逼问对方。

❌ 孩子不想说，家长大声逼问。

❌ 不分青红皂白就先指责自己家孩子。

❌ 不与学校合作，自行去找"惹事儿"的孩子。

❌ 让自己家孩子退让。

❌ 告诉孩子"打回去"。

❌ 告诉孩子他是无心的，以后不要和他玩。

❌ 对孩子不闻不问。

所谓"利益"，指的是表达想要或已经获得的某种"好处"，这个词语可以用在个体身上，也可用于组织或群体中。在家庭教育中，维护孩子的利益是重要的一部分。如果孩子从小不学会维护自己的利益，在成长过程中遇到被同龄人欺负，只会选择一味忍让，那么他们在成长中就会没有原则，更会纵容不良行为的滋长，最终伤害的还是自己。

传统教育中，我们经常告诉孩子，要懂得谦让恭敬，却很少教会孩子说"不"。所以，在孩子的世界中，他对"拒绝"这个概念是模糊的。当今社会，幸福、危险、诱惑是并存的，懂得如何"拒绝"是极其必要的。如果不懂"拒绝"，那受伤的只能是自己。

当听到别人给自己起了外号，要大胆地说"不"，大声地告诉他，我不接受你起的外号，因为你没有这个权利。如果对方执意不听，要告诉他，你回去找老师评理，找他家长告状，还要告诉大家他的行为。

要提高孩子的自信心，让孩子知道自信的人最美丽。要把自己的自信释放，把自己的优势展示出来，让身边的人看到自己的闪光点，毕竟没有人不喜欢自信的人。

家长要在合理合法的前提下采取积极的措施，多角度、多方面为孩子维护自己的利益。重点是让孩子明白如何维护自己的权益和尊严，如何保证自己的利益，如何用理智的、合适的方法去解决和别人的冲突。

教会孩子对自己进行保护。逃离和寻求帮助都是最有效的办法。事后一定要告知家长。孩子毕竟还小，家长不能因为自己工作忙或者碍于面子就不去与老师沟通，要理性地把事情的原委和老师道明，恳请老师帮忙解决问题。

正确做法：

✅ 做孩子的后盾。

✅ 帮助孩子多结交品德好的朋友。

✅ 让孩子学会忽略无端的挑衅。

✅ 加强对孩子的教育。

✅ 和孩子普及自己应该维护的利益。

✅ 告诉孩子不"惹事"，但也不要"怕事"。

✅ 终止孩子错误的行为。

遇到"校园霸凌"要说出来

　　月如（化名）胆子很小，唯唯诺诺，在学校连说话都不敢大声，可就是这样的乖女孩，还是被人"盯上"了。武大（化名）是学校"威风凛凛"的人物，他仗着块头大，能打架，气势足，小朋友们都怕他。他见月如好欺负，就把月如当成了"新目标"。

　　在武大向月如多次勒索钱财的时候，月如低声反抗，还说要告诉老师和家长。武大非常愤怒，准备教训一下月如。周五下午，武大以自己过生日为由，邀请同学们一同庆祝，月如也在被邀请名单中。

　　月如信以为真，还想着借着这次生日的名义，缓和一下气氛。到了地方，她发现已经有很多人了，便把礼物放在了桌子上，结果同学们就拿起相机纷纷拍照。武大揪住月如的衣领，对她进行恶意欺负，还警告月如，以后要听他的话。拍照的同学有说有笑，还把录制的视频发到学生们的小群里。

　　月如哭得上气不接下气，回到家中，她第一时间就把这件事情告诉了爸爸妈妈。爸爸妈妈非常气愤，第一时间就把电话打给了老师。学校和老师非常重视这件事，因为霸凌者年龄已经超过了14岁，所以报告了公安机关。相关部门在调查中，对霸凌者、参与霸凌者、冷漠的旁观者分别进行了批评教育、停课惩罚等。月如家里也决定给孩子办理转学，不想让孩子在这样的环境下继续学习。

　　月如这样一个安静的小女孩竟然遭到了校园霸凌，这是始料未及的事情。在她以为可以缓和同学关系时，竟然遭到了同学恶意的欺负，这让她的内心受到了极大的伤害。还好她及时告知了家里人，不然很有可能继续受到霸凌。

　　月如的家长面对孩子被霸凌，一定非常气愤。可是他们选择倾听孩子的陈述，理清事情后，与学校沟通，寻求公安机关的帮助，合理合法地解决问题，让霸凌者受到了应有的惩罚。接着，家长为孩子办理了转学手续，这一举动不是逃避，而是不想让孩子受到二次伤害。

错误做法：

❌ 知道孩子受到霸凌，不与学校合作，而是自行解决。

❌ 情绪激动，不问清事件原因。

❌ 受到校园霸凌，默默忍受。

❌ 让孩子选择忍让。

❇ 不经过校方，直接找对方家长。

❇ 父母对孩子关心太少，不知道孩子受了欺负。

"校园欺凌"，又称校园暴力或校园霸凌，指的是发生在校园内外、以学生为参与主体的一种攻击性行为，即一个或多个学生单次或多次恶意通过肢体、语言及网络等手段实施欺负、侮辱，造成另一方身体伤害、财产损失或精神损害的行为。

校园欺凌既包括直接欺凌，也包括间接欺凌。这种行为可能包括侮辱、恶意排斥、威胁、暴力行为等。校园欺凌伴有长期性、恶意性、不平等性等，它可能存在于各个场合，如卫生间、教室、操场、校车等待处等。

每一个个体家庭对孩子的教育方式不同，有的家庭教会孩子教养、谦让、知礼，可有的家庭就是相反的教育。孩子在成长过程中看到了不好的一面，进行效仿。

每个家长都不希望自己护在手心里的宝成为校园霸凌者或被校园霸凌者。那么，提前预防和教育是尤为重要的。家长要在孩子小的时候，告知他们如何尊重他人，以礼相待，树立正确的人生观。

要让孩子懂得"欺凌"他人是很糟糕的事情。欺凌他人是错误的，遭到欺凌而不自知是痛苦的。不要主动欺负他人，被他人欺负也要寻求最有效的办法，让自己不受伤害或减少伤害。可以和孩子共同观看关于"校园霸凌"的影片、阅读此类书籍、了解应对措施等。

家长要对孩子多加关心，和孩子进行有效沟通，鼓励孩子跟自己讲述校园中发生的事情，这样可以有效掌握孩子在校信息。当孩子向自己寻求在校发生相关事宜的办法时，给孩子以中肯的建议，做孩子的智囊团。

同时，要教会孩子，冲突来了，应该如何进行解决。例如，妥善的沟通、暂时的妥协、主动寻求老师的帮助、报警、告知父母等。加强孩子的社交能力，建立和同学之间良好的关系。总之，要告诉孩子，有事情要说出来。

正确做法：

- 家长要保持冷静，先了解清楚具体情况。
- 联系老师及孩子家长，核实具体情况。
- 告知自己家孩子，类似事件父母的处理方式。
- 不暴力回击他人。
- 对孩子进行心理辅导。
- 进行霸凌者威慑教育。

教会孩子如何保护自己

"妈妈，妈妈，老师给我们发了一张调查问卷。"接孩子放学时，见到孩子第一面，就听到孩子兴奋地这样说，随后又拿出了"问卷调查表"。

李楠本来是想为了表示尊重而简单看一看，可是当她看过之后非常感兴趣，觉得学校的这张调查问卷非常有意义。于是，她说："丹丹，我们现在就填写吧，用不用妈妈和你一起填呀？"丹丹摇头说："老师让我们自己按照真实的想法填写，所以妈妈您在旁边看着我就行了。"李楠见到孩子这么认真对待问题，欣慰地笑了。

在填写的过程中，她发现了问题，孩子确实在"如何保护自己"这一栏中概念模糊。大概是小孩子不知道如何保护自己吧，当然也有自己作为家长的失职，平日里总是想尽办法去保护孩子，却没有教会孩子如何保护自己。

丹丹的学校发了一份调查问卷，妈妈看到孩子很认真地填写。在填到"如何保护自己"这一栏的时候，孩子的答案模棱两可，原因是自己一直是被父母保护的对象，从来没有接受过应该如何保护自己的信息。

丹丹的妈妈对孩子非常负责任，是一个称职的家长。她知道如何尊重孩子，所以，在孩子做问卷调查时，她一直在一旁默默地守护着孩子。当看到孩子表现出的问题时，她也及时进行反思。

错误做法：

❌ 忙于自己的事情，对孩子关心甚少。

❌ 不给孩子普及如何保护自己的内容。

❌ 告诉孩子"以牙还牙，以眼还眼"。

社会是复杂的，人心有善有恶。"害人之心不可有，防人之心不可无。"家长要教育孩子，在何时何地都要保护好自己。

孩子上学了，学校有老师会保护他们，但是不免会有一些特殊情况的存在。如果有同学欺负自己，要及时告知老师和家长。自己所穿衣物要注意好遮体，不能让任何人以任何名义碰触自己的身体。

在校内、校外遇到陌生人都要警觉，不能随意接受陌生人的请求或礼物。出校门看到陌生人，如果让你帮忙带路并承诺给你买东西作为报酬，可以告诉他去寻求其他的大人，爸爸在旁边等你呢！在校内遇到这种情况，则立刻去找老师。

老师或家长要教会孩子简单的逃生方法等应急处理方式。例如，地震来了，尽量躲避到墙角处；遇到火灾可以把衣服、手绢等物品弄湿掩住口鼻，找准时机逃生。

正确做法：

- ✅ 家长要为孩子普及保护自己的基础常识。
- ✅ 告诉孩子远离爱打架的孩子。
- ✅ 不跟陌生人随便攀谈。
- ✅ 教孩子学会大声呼救。
- ✅ 让孩子学会自尊自爱。
- ✅ 孩子略微长大，家长不能完全避讳对孩子的"性教育"。
- ✅ 遇事冷静处理的同时，要让孩子知道爸爸妈妈最在乎他。

不是人人都喜欢你

毛毛上小学四年级了，她最近十分苦恼，不知道为什么大家不喜欢和自己玩。更有一个孩子还特意怂恿别人不要和她玩，总是在背地里说，她是老师眼中的优秀生、家中的娇娇女，用的学习用具都和他们不一样。她知道这个消息后，便把自己的学习用具换成和同学们差不多的。她特意准备了礼物想送给小朋友们，希望大家能喜欢自己。有的同学收下了自己的礼物，有的同学直接拒绝了。可是她还是不太受欢迎，自己也不知道为什么，就把这件事情和妈妈讲了，想寻求妈妈的帮助。

妈妈听后想了想，对孩子说："宝贝，妈妈要先恭喜你，你在某些方面是优秀的，在一些心胸狭窄的人眼里你成了'格格不入'的人，所以他们才这样对你。不过凡事不能'空穴来风'，是吧？我们不能要求所有人都喜欢自己，我们也反思一下，是不是某些地方做得不够好，引起同学的误会了呢？咱们一起分析分析，'有则改之，无则加勉'嘛！你说对不对？"孩子欣然接受了妈妈的建议。

　　没有人希望自己不受欢迎，更没有人希望自己活在黑暗的角落里。大家都喜欢被朋友围绕的感觉，最好让自己成为"人见人爱，花见花开"的最幸福的人。可事实上，我们不是磁场中心，身边的人更不是磁力，哪能时时刻刻把他人都吸引住。

　　毛毛因为同学不喜欢自己而苦恼，她想尽办法去讨好他人，争取大家对自己的认可。可是事与愿违，孩子并没有得到预期的效果。

　　毛毛妈妈在得知事情的原委后，先是安抚了孩子，又提出让孩子从自身找出问题的关键。在不伤害孩子的基础上，让孩子找出问题的原因，同时也教会孩子一个道理——不是人人都会喜欢你。抓住这个关键时机，毛毛妈妈可以和孩子聊一聊，真正的朋友是怎样相处的？会不会因为拿的礼物好与不好，就选择同不同你玩耍？应不应该因为别人不喜欢自己，就对自己进行一味的否定？

错误做法：

✖ 告诉孩子，没有朋友无所谓，只要学习好就行。

✖ 让孩子多送礼物，争取大家的好感。

✖ 不从孩子自身找原因。

✖ 粗暴对待，让孩子自己解决问题。

✖ 指责孩子，让孩子找自己的原因。

　　"尺有所短，寸有所长。"每个人的亮点不同，吸引他人的点也不相同。要告诉孩子，不能要求每个人都喜欢他。不过，我们要学会喜欢别人，也要使自己变得更好，赢得别人的喜欢。无论别人是否喜欢自己，都要努力做好自己，让自己变得优秀。

　　要知道，情感方面的事情不是勉强就会有结果，只要尽心尽力做好自己，小朋友就会看到你的闪光点从而喜欢你。当别人不喜欢自己、不理解自己的时候，不要怀有怨恨之心，也不要怀有沮丧、恐惧之心，要勇于接纳事情的发生，给自己以自信，并以此激励自己成长。

正确做法：

- 鼓励孩子大方地去交流。
- 可以询问孩子，其他同学有这样的困扰吗？
- 同孩子一同分析事情的原因。
- 建议孩子多运动，释放压力。
- 倾听孩子的感受。
- 引导孩子与同学积极互动。
- 教会孩子自信和乐观。

有压力要排解

　　浩泽是个开朗、活泼、乐观的孩子，从小到大都是班级里老师、同学公认的好孩子。但自从上了初中，由于青春期的到来和学业的压力，他变了。他认为，每天晚上八点放学不对，每天不停地写作业也不对，他看什么都觉得不对。久而久之，他感觉压力越来越大，也停止了所有的兴趣爱好班。

　　浩泽在学校也不能集中注意力认真听讲，慢慢地人也变得不爱说话，更别提与人交流了，有时候还特别敏感易怒。同学聊天，他总觉得在说自己，时间长了，同学不再和他说话，父母和老师与他沟通，他也不理会，还语言攻击。父母关心的话语，对他来说简直就是负担！虽然他也知道父母和老师关心自己，但他就是每天提不起精神，觉得自卑，后来不得不暂时休学。

　　浩泽的妈妈很不理解，为什么孩子变成了这个样子，那个要强、懂事、爱学习的儿子哪去了？她也非常生气，孩子休学后，她整日以泪洗面，也不愿意和孩子交流。

很明显，浩泽的变化是因为压力过大导致，孩子因为长久的积压，导致郁闷的情绪，甚至出现了愤怒、暴躁、敏感、多疑、注意力不集中的现象。孩子自身还不懂如何缓解、释放压力，找不到释放的方式，促使孩子表现出来焦虑和抑郁。

浩泽妈妈不理解孩子情绪的转变，只顾着和孩子生气，这对孩子的压力缓解没有半分的好处，反而加重孩子的压力，使孩子的情绪愈演愈烈。

如今情况已经这样了，家长不应该让孩子的这种坏情绪继续，要帮助孩子找到更好的释放方式，如预约心理医生，带着孩子外出运动、亲近大自然，引导孩子说出心中的苦闷，等等。

错误做法：

❌ 认为孩子那么小，能有什么压力。

❌ 不懂孩子，只知道指责。

❌ 从小对孩子高强度约束。

❌ 常在孩子面前抱怨自己肩负起生活的压力。

❌ 长期指责孩子的不足。

孩子在成长的过程中免不了会有压力的存在，甚至可以说，每一个成长阶段都会有每一个阶段中不同的压力。孩子和小伙伴合不来会成为他的压力；老师讲的课没听懂会成为他的压力；人家得了奖状而自己没有得到会成为压力；家里经济条件不好，看着同学们都报名参加春游活动而自己没有去会成为压力，总之，压力时时刻刻都在包围着孩子。

作为家长，我们要站在孩子的角度思考，拥有同理心，及时为孩子疏导内心的压力，才不至于让孩子被情绪压倒。

学习，是孩子必须面对的一件事。如果孩子对学习感到有压力，那么我们就要帮孩子树立正确的学习态度，可以尝试让孩子在学习中找到乐趣，跟上功课，学习就不会成为孩子的"软肋"。只要是学会了，孩子在学习上的压力就可以清零。孩子用知识丰富自己的大脑，看待事物也会有所不同。

在面对情感问题时，帮助孩子去学会如何看待事物。例如，小朋友之间的情感是不能勉强的，你自己要做到阳光自信，用真心去待人，别人才会对你的印象有所改变，才会喜欢你、接纳你、理解你。

陪孩子多到户外呼吸新鲜空气，在感受大自然馈赠给人类美好的同时，也享受亲子相处的欢乐时光，时时刻刻让孩子感受到他被美好包围。

正确做法：

- ✔ 做孩子的心灵导师。
- ✔ 站在孩子的角度思考问题。
- ✔ 帮助孩子厘清问题的本质。
- ✔ 增加亲子时光。

- ✅ 不能一味地说教。

- ✅ 时刻关注孩子的心理健康。

- ✅ 教会孩子排解压力。